DAS GROSSE BUCH FÜR DIE MIKROWELLE

Herausgegeben von der Zeitschrift

essen & trinken

Sonderausgabe der Naumann & Göbel Verlagsgesellschaft, Köln

Redaktion: Marion Morawek, Roswitha Schneider
Layout: Jürgen Pengel
Grafik: Gabriele Bernhart
Rezeptentwicklung: Roswitha Lange
Fotos: Thomas Diercks, Richard Stradtmann
Styling: Michaela von Hacht
Umschlaggestaltung: Rincón Partners, Köln
Satz: Fotosatz Thönnessen, Köln
Lithos: ORD, Offset-Reproduktion, Gronau
Gesamtherstellung: Mainpresse Richterdruck, Würzburg
Printed in West-Germany

ISBN 3-625-10893-3

essen & trinken

DAS GROSSE BUCH FÜR DIE MIKROWELLE

Schnell, leicht & bekömmlich - Kochen mit Mikrowelle

NAUMANN & GÖBEL

INHALT

Schokoladenpudding mit Vanillesauce S. 105

Gefüllte Paprikaschoten S. 152

Zuckererbsentopf mit Huhn S. 17

Orangenmarmelade mit Granatapfel S. 136

Hähnchenkeulen S. 90

Tortilla aus Kartoffeln, Eiern, Zucchini, Paprika S. 66

Apfelkuchen aus Vollkornweizenmehl und Honig S. 164

Falscher Hase S. 139

Gemüse-Terrine mit Kräutern S. 46

Puten-Saltimbocca S. 84

Seezungen mit Julienne-Gemüse, Ingwer und Kerbel S. 38

Englische Creme auf Erdbeeren S. 114

Scampi auf spanische Art S. 34

SOLO-MIKROWELLE

Eine Voraussetzung für erfolgreiches Kochen mit Mikrowellen ist das Wissen um ihre Funktion. Dadurch ist es leichter, umzudenken und zu verstehen, warum manche Gerichte schneller garen und besser schmecken als beim konventionellen Kochen und warum andere Gerichte nicht.

Wie arbeiten Mikrowellen?

Den Funk- und Fernsehwellen ähnlich, gehören Mikrowellen zu den elektro-magnetischen Wellen und sind erst umgewandelt sichtbar. Bei Mikrowellen bedeutet das Umwandeln in Hitze, genauer gesagt Reibungshitze. Sie entsteht, wenn Mikrowellen in die Lebensmittel dringen und die Moleküle in hohe Schwingungen versetzen. Dadurch reiben sie sich sehr schnell aneinander und erzeugen die notwendige Wärme zum Garen. Wasser hat dabei den höchsten Leitwert, d.h. seine Moleküle werden fast 2,5 milliardenmal pro Sekunde bewegt. Zwar ist Wasser in allen Lebensmitteln vorhanden, jedoch in unterschiedlicher Konzentration. Das erklärt, warum Lebensmittel mit hohem Wassergehalt besonders schnell gar werden.

Garen ohne Verlust

Erzeugt wird die Hitze also direkt im Gargut. So müssen, anders als beim konventionellen Garen, nicht zuvor Topf und Wasser erhitzt werden. Es entsteht kein Zeit- und Energieverlust. Die Lebensmittel garen durch ihren eigenen Wassergehalt und verlieren nicht an Geschmack und Inhaltstoffen. Mikrowellen können alle Materialien von niedrigem Leitwert fast ohne Verlust durchdringen. Dazu gehören Glas, Porzellan, Keramik, Papier und einige Kunststoffe. Bei der Auswahl des Kochgeschirrs ergeben sich eine Reihe von Möglichkeiten. Einzig Metall bewirkt eine Reflektion der Wellen, ähnlich wie ein Spiegel das Licht zurückwirft. Mikrowellen können in einen Metallbehälter nicht eindringen. Andererseits können sie aus einem geschlossen Metallraum nicht heraus, sondern werden darin wieder reflektiert. Die Konstruktion eines Mikrowellengerätes ist darauf ausgerichtet und gibt gleichzeitig die Sicherheit, daß die Wellen nicht nach außen dringen.

Aus Energie wird Wärme

Der Garraum aus Metallwänden ist in den Innenmaßen auf die Wellenlänge zugeschnitten. Durch eine Öffnung an der Decke des Gerätes sendet das sog. Magnetron die Mikrowellenenergie, eine Drehantenne verteilt sie gleichmäßig. Treffen die Wellen auf das Gargut, werden sie zunächst schwächer, denn die meiste Energie wird in Wärme umgesetzt. Durch ihre Reflektion von den Wänden verstärken sie jedoch die neu ankommenden Wellen. Das hat den Effekt, daß die Wellen das Gargut von allen Seiten, auch von unten, durchdringen und so ein gleichmäßiges Garen möglich ist. Störend wirkt sich zusätzliches Metall im Garraum aus. Das gilt z. B. auch für Alufolie. Denn Metall verhindert nicht nur das Garen, es kann die Wellen an den Sender zurückwerfen und einen Defekt im Gerät verursachen. Lediglich kleinere Stücke von Alufolie haben auf den Garprozeß keine negativen Einflüsse.

Die Mikrowellengeräte

Grundsätzlich unterschieden werden die Solo-Mikrowellengeräte nach Watt, was Leistung bedeutet. Es gibt Geräte mit 500 Watt, 600 bis 650 Watt (sie stellen das Hauptangebot) und mit 700 bis 780

Ein Solo-Mikrowellengerät hat auch in der kleinsten Küche Platz. Man setzt es zum Auftauen und Erwärmen ein und zum Garen von kleineren Mengen. Gemüse und Fisch behalten Form, Geschmack und Farbe, Suppen und Eintöpfe setzen nicht an, Geflügel bleibt zart und selbst so „schwierige" Saucen wie z. B. eine Sauce Hollandaise gelingen ohne Probleme.

Watt. Bei Geräten mit geringerer Ausgangsleistung braucht man zum Auftauen, Erwärmen und Garen etwas länger als bei Geräten mit höherer Leistung. Das heißt in der Praxis: Pro 100 Watt höhere Leistung spart man 10 bis 15% an Garzeit.

Leistung in Stufen

Die Leistung der Geräte läßt sich in zwei, vier oder noch mehr Stufen bzw. stufenlos einstellen. Vier Stufen z.B. bedeuten, das die Mikrowelle mit 90, 180, 360 und 600 Watt eingesetzt wird. Diese Abstufung ist wichtig für das Auftauen oder Erwärmen empfindlicher Speisen. Bei elektronischen Geräten kann man mehrere Leistungsstufen hintereinander zuschalten, die dann automatisch ablaufen. Analoge Uhren lassen sich bis maximal 30 bzw. 60 Minuten einstellen, digitale Uhren bis 99,99 Min.

Größe und Ausstattung

Außenmaße und Größe des Garraums sind bei den angebotenen Geräten sehr unterschiedlich. Einige Geräte sind einbaufähig. Die Standfläche im Garraum ist ebenso ein nicht unerhebliches Kriterium bei der Kaufentscheidung: Manche Geräte bieten Platz, um zwei Teller nebeneinanderzustellen.
Ob mit oder ohne Drehteller-Ausstattung, in der Praxis ist das Ergebnis gleich. Bei einem Gerät mit Drehteller ist man nur in der Auswahl der Gefäße eingeschränkt.
Bei den Preisen gilt: Je höher die Leistung und je besser die Ausstattung, um so mehr muß bezahlt werden. Das Angebot reicht von ca. 300,– bis 1.300,– DM (Stand Herbst 1989). Modelle der mittleren und gehobenen Preisklasse verfügen zusätzlich noch über eine Reihe von elektronisch gesteuerten Programmen:

Automatik-Programm: Man wählt für das Gericht (z. B. Eintopf) ein festgelegtes Programm und drückt die Starttaste.

Gewichtsautomatik zum Auftauen, Erwärmen, Garen und Auftaugaren: Man wählt Gewicht und Art des Lebensmittels und drückt die Starttaste.

Memory: In einen Speicher kann man einmal selbst Leistung und Garzeit für bestimmte Gerichte eingeben und später über Tastendruck abrufen.

Speisenthermometer: Damit wird die gewünschte Endtemperatur im Lebensmittel bestimmt, z. B. beim Erwärmen von Babynahrung.

Schnellstarttaste: Extrataste, mit der man nur die Zeit einstellt, und das Gerät arbeitet mit voller Leistung.

Bräuner: Da die Mikrowelle nicht bräunt, ist ein Grill-Heizkörper eingebaut. Die Speisen werden mit der Mikrowelle gegart und dann unter dem Grill gebräunt.

Das Geschirr

Spezielles Mikrowellen-Geschirr gibt es in großer Auswahl. Vor dem Kauf sollte man jedoch das vorhandene Kochgeschirr auf Eignung überprüfen und dann erst sinnvoll ergänzen.

Geeignetes Geschirr bleibt kalt

Bestens geeignet sind alle feuerfesten kleinen bis mittelgroßen Glas-, Keramik- und Tongefäße, die auch konventionell für Terrinen, Aufläufe oder beim Braten und Backen im Ofen verwendet werden. Im Zweifelsfall hilft ein simpler „Eignungstest": Das leere Gefäß für 20 bis 30 Sekunden bei voller Leistung in das Gerät stellen. Bleibt es kalt oder wird nur lauwarm, hat es die Prüfung bestanden. Wird es heiß, ist es ungeeignet. Denn Geschirr für die Mikrowelle soll nur durch die erhitzten Speisen Wärme annehmen. Das gilt nicht nur für Töpfe, sondern auch für Teller, Tassen und Gläser. Außerdem: Sehr feines Porzellan oder Bleikristall könnte durch Hitze zerspringen und auf Metallverziertem (Gold-, Platindekor) durch Funkenbildung Beschädigungen entstehen.
In runden und ovalen Formen garen die Speisen gleichmäßiger als in eckigen Gefäßen. Hier kann sich ein Wellenstau bilden, das Gericht wird an den Ecken leichter trokken. Bei viereckigen Formen sollten die Ecken deshalb abgerundet sein. Handelsübliche Einkochgläser und Ringe sind hitzebeständig und daher gut geeignet. In den Größen bis 1/2 l ist ein rasches und gleichmäßiges Einkochen garantiert. Die Deckel statt mit Metall- mit Spezial-Kunststoffklammern oder ganz einfach mit einem Klebestreifen befestigen. Übrigens sollte man die Wärme, die allein durchs Gargut entsteht, nicht unterschätzen: Topflappen sind nach wie vor angebracht.

Kunststoff und Papier

Kunststoff muß hitzebeständig sein, wenn darin gekocht werden soll. Nicht jedes Geschirr ist geeignet; deshalb ist es ratsam, die im Handel dafür angebotenen Geschirre zu verwenden. Herkömmliche Tiefkühlgefäße nur zum Auftauen oder kurzem Erwärmen verwenden; es werden jedoch Behälter angeboten, die sowohl tiefkühl- als auch mikrowellengeeignet sind. Bratbeutel- oder folien können in der Mikrowelle verwendet werden, jedoch ohne Metallstreifen oder -clip. Entweder mit einem Gummiring oder Klebestreifen zusammenhalten bzw. einfach zubinden. Wichtig dabei: Es muß Dampf entweichen können. Deshalb nicht zu fest verschließen und mehrmals einstechen.
Zum Abdecken der Speisen bieten sich – ist kein Deckel vorhanden – Teller, spezielle Hauben oder Mikrowellenfolie an. Folie ist durchsichtig, der Garprozeß kann beobachtet werden; durch feine Poren wird der Dampf reguliert. Pappteller und -becher können zum kurzen Erhitzen von Speisen und Getränken genommen werden. Pergamentpapier und Küchenkrepp sind praktisch zum Abdecken oder als Unterlage, um Fett und Feuchtigkeit aufzusaugen.

Speziell für die Mikrowelle geeignetes Geschirr gibt es in großer Auswahl. Am besten sind Gefäße aus feuerfester Keramik oder Glas oder hitzebeständigem Kunststoff. Verboten ist Metall, weil es von den Mikrowellen reflektiert wird!

Geschirr zum Bräunen

Bräunungsgeschirre werden vom Hersteller mitgeliefert oder im Handel angeboten. Im Gerät leer aufgeheizt speichern sie Hitze im spezialbeschichteten Boden. Dadurch entsteht bei Fleischstücken eine leichte Bräunung. Jedoch kann hier kein Vorteil gegenüber dem konventionellen Braten erzielt werden.

Metall ist tabu

Völlig ungeeignet für die Mikrowelle sind alle Geschirre aus oder mit Metall. Mikrowellen können Metall nicht durchdringen. Sie werden reflektiert, erreichen die Speisen nicht und können schlimmstenfalls das Gerät beschädigen, wenn sie an den Sender zurückgeleitet werden. Jedoch Ausnahmen gibt es auch hier. Alufolie kann als sehr flache, offene Schale bis ca. 2 cm Höhe verwendet werden. Das ist bei einigen Fertiggerichten der Fall. Und kleine Stücke Alufolie schützen empfindliche Partien vor dem Übergaren.

KOCHEN MIT DER SOLO-MIKROWELLE

Die Mikrowelle kann vieles schneller, besser und einfacher als ein Herd. Doch nicht alles. Insofern sind Mikrowelle und Herd keine Konkurrenten, sondern Partner.

Rasch und natürlich garen

Daß eine Mikrowelle unschlagbar ist in Auftauen und Erwärmen, weiß jeder. Und so fängt vermutlich jeder die Praxis an. Der nächste Schritt sollte dann „richtiges Kochen" sein. Hier können Zeit und Energie eingespart werden. Ohne oder mit wenig Fett und Wasser zubereitet, werden die Lebensmittel schonend gegart. Dadurch und durch kurze Kochzeiten bleiben Aroma, Vitamine und Mineralstoffe besser erhalten. Diät, Schonkost, gesundheits- und nicht zuletzt geschmacksbewußtes Essen können so einfacher verwirklicht werden. Wichtig ist die Art der Lebensmittel bzw. Speisen und ihre Menge. Am größten ist die Zeitersparnis bei kleineren Mengen, bis etwa vier Portionen.

Geschmack und Farbe

Besonders Gemüse und Fisch sind ideal für die Mikrowelle. Das Garen auf den Punkt ist leichter; Gemüse und Fisch behalten Form, Geschmack und Farbe. Suppen und Eintöpfe bis 4 Portionen sind rasch gekocht, außerdem kann nichts ansetzen oder -brennen. Sehr große Mengen und Hülsenfrüchte besser auf dem Herd kochen. Geflügelfleisch ist rasch gar und bleibt sehr zart. Ein Nachteil: Die Haut wird nicht kroß und braun. Entweder man zieht sie ab (das spart Kalorien) oder bestreicht sie zum Dunklerwerden mit Senf, Sojasauce oder Paprikapulver.

Große Fleischstücke und Steaks sollten konventionell in Herd und Pfanne (oder im Kombinationsgerät) zubereitet werden. Denn eine braune Kruste gibt es in der Solo-Mikrowelle nicht.
Kasselerbraten oder Ragouts aus Kasseler und Filet sind dagegen bestens geeignet. Das Fleisch ist sehr schnell gar und bleibt zart.
Auch bei Eierspeisen muß man unterscheiden. Denn anders als gewohnt garen Eigelb und Eiweiß fast gleichzeitig. Das Eigelb ist oftmals schon hart, wenn das Eiweiß eben stockt. Getrennt in Eiweiß und Dotter oder verrührt gelingen Eierspeisen am besten, z. B. als Rührei oder Omelett. Gekochte Eier und Spiegeleier sollte man auf dem Herd bereiten. Eier in Schale platzen durch den Druck, der beim Mikrowellengaren entsteht.

Wasserbad ist passé

Eiersaucen wie die Hollandaise und Béarnaise sind in der Mikrowelle nicht länger schwierige Saucen. Ganz ohne Wasserbad werden sie problemlos cremig.
Klassische Cremes aus Eiern sowie Puddinge und Flans, die normalerweise recht zeitraubend im Wasserbad garen, sind in Portionsschälchen in wenigen Minuten fertig. Das gleiche gilt für Terrinen, die in kleineren Formen am besten gelingen, also gleichmäßig gar werden.

Extras ohne Aufwand

Pikante Saucen aus Gemüse und Sahne oder süße Fruchtsaucen werden besonders aromatisch und sind blitzschnell gekocht. Das gilt auch für Obst, Konfitüren und Chutneys. Einkochen in kleineren Mengen ist in der Mikrowelle besonders einfach. Es dauert nur wenige Minuten, so bleiben Aussehen und Geschmack besser erhalten.
Auch bei der Speisenvorbereitung hilft die Mikrowelle. Sie kann: Gemüse blanchieren und Tomaten bzw. Paprika abziehen. Butter und Schokolade schmelzen. Nüsse und Kokosraspel rösten. Aus Weintrauben Rosinen machen. Kräuter und Pilze trocknen. Fleisch rasch beizen. Schinken und Speck kroß werden und Hefe aufgehen lassen.

Frische Zutaten

Gutes Kochen fängt mit der Auswahl der Zutaten an. Sie sollten frisch und erstklassig sein. Zu lange gelagertes Gemüse z.B. wird in der Mikrowelle auch bei längerem Garen nicht weich, sondern zäh, weil die Feuchtigkeit fehlt.

Vorbereitung und Zubereitung

Mikrowellen dringen beim Garen zunächst ca. 3 cm in die Lebensmittel ein. Gleichmäßig groß geschnittene oder flache Zutaten garen deshalb am besten. Bei der Auswahl und Vorbereitung sollte man dies berücksichtigen. So ist es immer besser, z.B. einen Blumenkohl in Röschen zu zerteilen oder Pudding in Portionsförmchen zu garen. Lebensmittel mit fester Haut oder Schale können beim Garen oder Erhitzen platzen. Deshalb die Oberfläche mehrmals einstechen. Eier immer nur aufgeschlagen verwenden.
Bei größeren Mengen sollte gerührt, umgeordnet oder -gedreht werden, damit die Mikrowellen gleichmäßig durch die Speisen

Kleinere Mengen Konfitüre oder Chutney kann man in der Mikrowelle problemlos herstellen. Aber auch Butter oder Schokolade schmelzen, Gemüse blanchieren, Nüsse rösten oder Speck ausbraten.

dringen. Das gilt auch für ungleich dick geformte Zutaten. Kreisförmiges Anordnen von Portionsschälchen ist für gleichmäßiges Garen ebenso wichtig wie runde oder ovale Gefäße.
Durch kurze Garzeiten und Verzicht auf Wasser behalten oder entwickeln die Zutaten intensiv ihr eigenes Aroma. Zum Würzen braucht man sehr viel weniger Salz als gewohnt. Fisch und Fleisch erst zum Schluß mit Salz würzen, da es bekanntlich Feuchtigkeit entzieht. Auf Fett kann völlig verzichtet werden, es sei denn, man braucht es als Geschmacksträger.
Beim Garen tritt die Feuchtigkeit der Zutaten an die Oberfläche. Dadurch und durch die kurzen Garzeiten wird ein Bräunen verhindert. Lediglich fetthaltige Speisen, die länger garen, werden leicht braun.

Umzudenken braucht man dagegen nicht bei der Frage, ob zugedeckt oder offen gegart werden soll. Hier bleibt es bei den „alten Gewohnheiten."

Auf den Punkt gegart

Wichtig zu wissen ist, daß alle Speisen durch die Mikrowellenenergie noch bis zu 5 Minuten nachgaren. Das gilt ganz besonders für Eier-und Süßspeisen. Eiweiß gerinnt rasch und zuckerhaltige Speisen werden im Kern sehr heiß und können schnell übergaren. Wer noch keine praktischen Erfahrungen mit seinem Gerät hat, sollte deshalb zunächst eine kürzere Garzeit als angegeben wählen. Nach dem Gartest evtl. einige Minuten bzw. Sekunden dazugeben.
Die Speisen nur knapp gar werden lassen. Beim Gartest soll Gemüse noch fest, Fleisch noch weich und Fisch beim leichten Zerteilen auch noch etwas weich bzw. glasig sein. Bei Desserts, Eierspeisen oder Kuchen prüft man die Oberfläche auf Aussehen und Festigkeit: Sie sollte noch feucht und elastisch sein.
Um die gewünschte Cremigkeit zu erzielen, kommt es bei Eiersaucen oder Cremes auf 10 oder 20 Sekunden an. Deshalb den Garprozeß stoppen, wenn sie noch leicht flüssig sind; beim Weiterrühren beobachten und erst dann vielleicht kurz nachgaren.

Watt bedeutet Leistung

Je höher die Wattzahl gewählt wird, desto intensiver ist die Leistung der Mikrowellen. Ob die volle Leistung angebracht ist, hängt von den Zutaten ab. Auch beim klassischen Kochen setzt man Lebensmittel von zarter Konsistenz nicht zu starker Hitze aus. Das ist mit Mikrowelle nicht anders geworden. Bei einer niedrigeren Leistungsstufe dauert das Garen natürlich etwas länger. Das ist auch beim Herd der Fall. Die Portionsmenge spielt beim Garwerden in der Mikrowelle jedoch eine wesentlich größere Rolle als beim gewohnten Kochen. So kann man als Regel sagen, daß sich mit der Menge auch die Garzeit verdoppelt.
Die Stufeneinteilung in Watt und die maximale Ausgangsleistung ist bei den einzelnen Gerätetypen unterschiedlich. In diesem Buch sind die Rezepte mit den Watteinstellungen 90/180/360/600 erarbeitet worden. Ein Umrechnen ist jedoch einfach: Je 50 Watt Differenz muß 10% der Garzeit dazugezählt oder abgezogen werden. Praktisches Beispiel: 600 Watt und 10 Minuten Garzeit. Umgerechnet auf 700 Watt bedeutet das 8 Minuten; auf 500 Watt 12 Minuten Garzeit.

KOMBINIERTE MIKROWELLE

Eine Vielzahl der Kombinationsgeräte vereint alle Vorteile der Mikrowelle mit den Vorteilen eines Backofens. In der Praxis bedeutet das, die Weihnachtsgans ist in knapp einer Stunde goldbraun und knusprig gebraten, das Fleisch ist saftig- zart und die Sauce genauso gut geraten wie immer. Kurz: Es gibt kaum Nachteile.

Auftauen in Minuten

Aufgetaut werden sollte immer bei niedrigster Stufe, sprich Wattzahl. Die Energie soll langsam bis in den Kern der Lebensmittel dringen. So wird aufgetaut, ohne daß die Oberfläche schon warm oder angegart ist. Das gilt besonders für größere Stücke roher Zutaten wie Fisch, Fleisch oder Geflügel. Ein völliges Auftauen ist hier die Voraussetzung für ein gleichmäßiges Garen. Besonders bei Geflügel ist ein vollständiges Garen aus gesundheitlichen Gründen absolut notwendig. Auch bereits Gegartes soll schonend tauen, sonst wird die Oberfläche hart oder trocken, während das Innere noch gefroren ist. Kann die Speise umgerührt werden, beschleunigt das den Auftauvorgang; angetaute Stücke werden einfach zerteilt.
Flache Lebensmittel im Stück sollten gewendet werden. Lediglich gefrorenes Gemüse kann bei voller Leistung gleich beim Auftauen garen: Angetaute Partien zerteilen, häufig rühren und auch hier das Nachgaren berücksichtigen.

Kein Geschmacksverlust

Das Wiedererhitzen von Speisen ist kinderleicht, geht blitzschnell und alles schmeckt wie frisch gekocht. Bereits auf dem Teller angerichtet werden nur etwa 5 Minuten benötigt. Wie viele genau, das hängt von der Größe der Portion, der gewählten Leistung und nicht zuletzt davon ab, wie kalt eine Speise ist. Grundsätzlich sollte zugedeckt erwärmt werden. Zum einen, damit nichts austrocknet, zum anderen, um lästige Spritzer zu vermeiden. Nicht anders als beim Garen werden gleich große Stücke auch hier gleichmäßiger erhitzt. Falls möglich, rühren oder wenden.
Fertiggerichte auf keinen Fall in fest verschlossenen Gläsern oder Packungen erhitzen. Die Speisen dehnen sich beim Warmwerden aus und das Gefäß kann explodieren. Geschlossene Konservendosen und Aluschalen gehören nicht in die Mikrowelle, da das Metall die Wellen reflektiert.

Geräte und Systeme

Mikrowellen-Kombinationsgeräte sind Geräte, bei denen man die Mikrowelle mit den anderen herkömmlichen Beheizungsarten kombinieren kann. Sie werden als Tischgerät oder als Backofen mit integrierter Mikrowelle angeboten. Bei letzterem ist der Garraum größer als bei den Tischgeräten, die in sehr unterschiedlicher Ausstattung angeboten werden.

Je nach Hersteller sieht das so aus:
Mikrowelle + Ober- und Unterhitze + Grill

Mikrowelle + Umluft

Mikrowelle + Umluft + Grill

Mikrowelle + Ober- und Unterhitze + Umluft + Grill

Mikrowelle + Grill

Mikrowelle + Ober- und Unterhitze + Umluft + Grill + Umluft-Grill-System

Es ist möglich, die Mikrowelle und jede Heizart allein einzusetzen oder die Mikrowelle mit einer anderen Heizart zu kombinieren. Nicht bei allen Geräten ist es jedoch möglich, Mikrowelle und ein anderes System parallel zu schalten, sondern nur nacheinander, z.B. erst die Mikrowelle für ein rasches Garen und dann den Grill für das Braunwerden. Wie auch bei den Solo-Geräten, haben hier viele Automatikprogramme für den Mikrowellen-Einsatz.
Die Kombinationsgeräte kosten je nach Ausstattung zwischen 1000,– und 1500,– DM. (Stand Herbst 1989.) Sparen kann man bis zu 45 Prozent Zeit und bis zu 15 Prozent Strom.
Unter einem Backofen mit integrierter Mikrowelle versteht man einen normal großen Backofen (das betrifft auch den Garraum) mit Ober- und Unterhitze, Umluft und Grill, in den eine Mikrowelle eingebaut ist. Wie bei den Tischgeräten, kann man ihn als Mikrowellengerät, als Backofen und als Kombinationsgerät einsetzen. Bis vor kurzem gab es diese Art von Backofen nur zum Einbauen, jetzt wird er auch mit einem Glaskeramik-Kochfeld als Standherd angeboten. Diese Öfen kosten zwischen 2000,– und 4000,– DM; die Zeitersparnis liegt hier bei 50 Prozent, die Stromersparnis bei 20 Prozent.

Das Geschirr

Für den Kombinationsbetrieb muß das Geschirr beiden Systemen entsprechen, also der Mikrowelle und den klassischen Heizarten.

Das Backofenzubehör

Das vom Hersteller mitgelieferte Zubehör wie Rost, Blech oder Fettpfanne ist für alle kombinierten Heizarten einsetzbar. Hier ist das Metall so abgestimmt, daß es nicht zu Störungen kommen kann. Auf Rost, Blech oder Fettpfanne können alle geeigneten Gefäße in das Gerät gestellt werden.
Große Braten oder ganzes Geflügel lassen sich sehr gut in der Fettpfanne oder auf dem Rost mit untergeschobener Fettpfanne braten. Einschränkungen gibt es höchstens beim Platzangebot des Garraumes: Kombinationsgeräte sind kleiner als ein herkömmlicher Herd oder ein Herd mit integrierter Mikrowelle.

Bei einem Kombinationsgerät hat man die Vorteile der Mikrowelle und der konventionellen Heizarten. Braten, Geflügel und Aufläufe sind schneller gar und trotzdem braun und knusprig. In einer kleinen Küche kann so ein Gerät durchaus den Herd ersetzen.

Zu den geeigneten Geschirren zählen alle feuerfesten Glas- und Porzellangefäße ohne Metallteile. Bei Keramik und Ton gibt es Einschränkungen; das Geschirr soll glasiert und als backofenfest gekennzeichnet sein.
Kunststoffgeschirr für die Mikrowelle ist zwar hitzebeständig, aber die maximal zulässigen Temperaturen sind je nach Hersteller unterschiedlich. So ist eine genaue Information vor dem Kauf notwendig.
Beim Grillen und Überbacken liegen die Temperaturen über 250 Grad C. Das können Kunststoff und auch Bratfolie oder -beutel nicht vertragen. Letztere sind bis 200 Grad C jedoch gut geeignet; sie sollten beim Kombinationsbetrieb mit Küchengarn verschlossen und wie immer eingestochen werden. Mikrowellenfolie ist nur für den Solo-Betrieb geeignet, sie kann bis etwa 140 Grad C erhitzt werden. Auch Porzellanteller, bei Mikrowelle zum Abdecken praktisch, besser nicht im Kombinationsbetrieb verwenden. Ebenso Alufolie, die zwar hitzebeständig ist, die Mikrowelle jedoch reflektiert und ein Garen verhindert. Lediglich in kleinen Stücken als Garschutz einsetzen. Der klassische Bräter aus Gußeisen, Stahl, Email oder sonstigem Metall gehört nicht in die kombinierte Mikrowelle.

Geeignete Backformen

Dazu gehören erst einmal das Backofenzubehör mit Blech und Fettpfanne. Backen auf dem Metallblech funktioniert deshalb, weil die Oberfläche im Verhältnis zu den Wänden groß genug ist. Man kann nur nicht mehrere Bleche gleichzeitig einschieben. Das obere Blech schirmt die unteren gegen die Mikrowellen ab.
Formen aus feuerfestem Glas lassen die Mikrowellenenergie fast ohne Verlust in das Gargut dringen. Darin gebackene Kuchen brauchen zum Garwerden eine kürzere Zeit. Gut geeignet ist backofenfeste Keramik oder Glaskeramik. Die Glasur darf wegen der Mikrowellen allerdings kein Metall enthalten. Deshalb Herstellerhinweis beachten.
Bei Kunststoff-Backformen, die speziell für den kombinierten Betrieb angeboten werden, die angegebene Höchsttemperatur nicht überschreiten. Sie verformen sich sonst. Wissen sollte man außerdem, daß Kuchen in Keramik- und Kunststoff-Formen wegen der geringen Leitfähigkeit des Materials etwas weniger braun werden.
In Backformen aus Schwarzblech werden mit Ausnahme der Kastenform sehr gute Ergebnisse erzielt. Bei einer Kastenform ist die Oberfläche in Relation zu den Metallwänden zu gering. Hier Glas, Keramik oder Kunststoff verwenden.

KOCHEN MIT DER KOMBINIERTEN MIKROWELLE

Mit einem Kombinationsgerät umzugehen ist einfacher als es zunächst scheint. Wissen sollte man allerdings, wie Mikrowellen arbeiten und wann welche konventionellen Heizarten günstig sind. Bei einer Parallel-Schaltung wirken beide Systeme auf das Gargut; also gelten beide Regeln.
Anders als bei der Solo-Mikrowelle sind für den „Kombi" alle großen Braten, knusprigen Aufläufe und Gratins oder gehaltvollen Kuchen richtig. In etwa der Hälfte der üblichen Zeit werden Fleisch, Geflügel und Überbackenes kroß und bleiben sogar saftiger, denn das rasche Garen verhindert ein evtl. Austrocknen. Kuchen sind blitzschnell goldbraun, und gerade ein schwerer Teig oder Belag gelingt am besten.

Braten

Größe, Konsistenz und Fettgehalt des Bratens oder Geflügels sind entscheidend für die Temperaturwahl, die Heizart und den Einsatz der Mikrowellenleistung. Grundsätzlich sind beim Kombinationsbetrieb 200 bis 250 Grad C angebracht, weil das Fleisch gleichzeitig gar und braun sein soll. Wie üblich, muß das Gargut zum gleichmäßigen Bräunen und Garen gewendet werden. Mittelgroße durchwachsene Stücke mit Umluft, bei Schwarte auch mit Grill oder Umluft-Grill und voller Mikrowellenleistung garen. Sehr große fette Braten oder Geflügel mit Ober-und Unterhitze sowie halber Wattzahl braten. Hitze evtl. nach der Hälfte der Zeit reduzieren.
Keulen je nach Größe entweder mit Umluft oder Umluft-Grill zubereiten. Beim Schmoren von mageren Stücken Ober- und Unterhitze wählen; Mikrowelle: halbe Leistung bei Geflügel, sonst volle Energie. Flache Fleischstücke entweder grillen oder mit Ober- und Unterhitze schmoren. Je nach Konsistenz volle oder halbe Wattzahl. Geflügelbrustfilets mit Haut grillen und nur halbe Leistung zuschalten.

Aufläufe und Gratins

Aufläufe gleichmäßig einschichten und möglichst gleich groß geschnittene Zutaten verwenden. So wirkt die Mikrowellenenergie gleichmäßig. Durch die kurze Garzeit wird etwas weniger Flüssigkeit benötigt. Zutaten evtl. in der Mikrowelle vorgaren. Nudeln oder Reis jedoch wie gewohnt auf dem Herd kochen. Hier wird mit Mikrowelle keine Zeit gespart. Auch Soufflés besser bei Ober- und Unterhitze garen. Kartoffelgratins und flache Aufläufe mit Kruste lassen sich gut mit Mikrowelle und zugeschaltetem Grill zubereiten. Höher eingeschichtete Aufläufe oder gefülltes Gemüse mit ca. 200 Grad C Backofenhitze und halber Mikrowellenleistung garen.

Kuchen

Schon die Solo-Mikrowelle vereinfacht vieles beim Backen. Sie macht u.a. Butter geschmeidig, schmilzt Kuvertüre und läßt Hefeteig aufgehen.
Im Kombinationsgerät schließlich kann man – fast wie gewohnt – „richtige" Kuchen backen. Eine Backofeneinstellung von 150 bis 175 Grad und 180 Watt bei Mikrowelle reichen aus, um Kuchen in etwa der Hälfte der Zeit zu garen. Vorheizen ist notwendig, eine höhere Wattzahl ist jedoch nicht angebracht; die Kuchen werden dadurch trocken. Bestens geeignet sind alle Teige mit relativ wenig Mehl, dafür mit viel feuchten Zutaten wie Butter, Eier, Schokolade, Sahne, Honig, Kokosflocken, Mandeln oder Nüsse.
Das gleiche gilt für Beläge und Füllungen aus Obst, Quark, Sahne, Nüssen oder Mohn.
Aber auch Biskuit und Brandteig gehen rasch und gleichmäßig auf. Wichtig ist nur, die Einstellung nicht zu hoch zu wählen und das Gebäck im Auge zu behalten. Denn beim Übergaren wird es zäh und trocken.
Wer noch keine Erfahrungen mit seinem Gerät hat, sollte ca. 10 Minuten vor Ablauf der angegeben Backzeit einen Gartest machen. Bei der Garprobe wie üblich mit einem Hölzchen in den Kuchen stechen: Es darf kein Teig haften bleiben. Beim Backen mit dem Kombinationsgerät ist die Mitte des Kuchens besonders kritisch. Sie soll nicht mehr weich und bei leichtem Druck gerade noch elastisch sein. Allerdings: Auch Kuchen garen durch die Mikrowellenenergie noch etwa 5 Minuten nach.
Ist beim Aufschneiden der Kuchen wider Erwarten noch nicht gar, kann die Mikrowelle nachhelfen. Das Gebäck am besten in Hälften bei voller Leistung einige Minuten weitergaren. Ab und zu testen. Plätzchen weiterhin konventionell backen; ihr Mehlanteil ist hoch, sie werden in der Mikrowelle trocken.

Kochen mit Mikrowelle

SUPPEN UND EINTÖPFE

TIP *Die gute alte Methode, alles in einem großen Topf zu kochen, ist auch in der Mikrowelle möglich. Wegen der kürzeren Garzeiten behalten die Gemüse Form und Farbe, und man kann die Suppe oder den Eintopf oft gleich im Serviergeschirr zubereiten. Mehr als vier Portionen sollte man allerdings wie gewohnt auf der Kochstelle zubereiten, vor allem dann, wenn Hülsenfrüchte verwendet werden. Da sich Suppen und Eintöpfe gut einfrieren lassen, kann man eine größere Mengen konventionell zubereiten, dann aber später die einzelnen Portionen in der Mikrowelle auftauen und erwärmen.*

Zuckererbsentopf mit Huhn

Für 2 Portionen:
3–4 Zwiebeln
150 g Blumenkohlröschen
150 g Zuckererbsen
200 g Tomaten
150 g Hühnerbrustfilet
Salz
Pfeffer a. d. Mühle
Paprikapulver (edelsüß)
1 Prise Oregano (getrocknet)
300 ml heiße Hühnerbrühe (Instant)
1 Prise Zucker
Worcestershiresauce
2 El Schnittlauchröllchen

1. Zwiebel pellen und fein würfeln. Blumenkohl putzen, in sehr kleine Röschen zerteilen, waschen. Zuckererbsen putzen, waschen. Tomaten häuten, halbieren, entkernen, in Streifen schneiden.

2. Hühnerbrust evtl. häuten, abspülen, abtrocknen, in kleine Würfel schneiden.

3. Zwiebelwürfel (1 El zurücklassen) und Blumenkohl in eine Form geben. Mit Salz, Pfeffer, Paprika und Oregano würzen. Zugedeckt 4 Minuten bei 600 Watt dünsten.

4. Die heiße Brühe dazugießen und zugedeckt 2 Minuten bei 600 Watt dünsten. Zuckererbsen zufügen, nochmals 2 Minuten bei 600 Watt dünsten.

5. Fleisch in den Eintopf geben und in 2 Minuten bei 600 Watt garen.

6. Tomatenstreifen unterrühren und 30 Sekunden bei 600 Watt erhitzen.

7. Mit Salz, Pfeffer, Paprika, Zucker und Worcestershiresauce abschmecken. Mit Schnittlauchröllchen und restlichen Zwiebelwürfeln bestreut servieren.

Zubereitungszeit: 30 Minuten
Pro Portion etwa 22 g E, 2 g F, 16 g KH = 182 kcal (760 kJ)

Zwiebelsuppe

Für 4 Portionen:
500 g Gemüsezwiebeln
50 g Butter oder Margarine
2 cl Cognac oder Weinbrand
3/4 l Rinderbrühe (Instant)
Thymian (getrocknet)
Pfeffer a. d. Mühle
100 g alter Gouda (im Stück)
12 Scheiben Baguette

1. Die Zwiebeln pellen, vierteln und in feine Scheiben schneiden. In einem Gefäß zu einem Häufchen schichten. Die Butter oder Margarine in Flöckchen daraufgeben. Abdecken und bei 600 Watt 6 Minuten garen. Zwischendurch ein- bis zweimal umrühren.

2. Cognac oder Weinbrand und Rinderbrühe dazugeben, sparsam mit Thymian, reichlich mit Pfeffer würzen. Erst bei 600 Watt 3 Minuten garen, dann auf 360 Watt herunterschalten und 10 Minuten weitergaren.

3. In der Zwischenzeit den Gouda reiben und auf die Baguettescheiben streuen. Die Brotscheiben kreisförmig auf einen Teller legen, die Tellermitte freilassen. Den Käse bei 600 Watt 5 Minuten schmelzen lassen. Die Brote zu der Suppe servieren.

Vorbereitungszeit: 15 Minuten
Garzeit: 25 Minuten
Pro Portion etwa 13 g E, 19 g F, 36 g KH = 382 kcal (1596 kJ)

Kartoffel-Tomaten-Curry

Für 4 Portionen:
500 g kleine Kartoffeln
1 El Butterschmalz
1 El Curry
Salz
2 Fleischtomaten (500 g)
1 El dunkle Senfkörner
1 El Sesam

1. Kartoffeln schälen, vierteln und waschen. In einer Schüssel bei 600 Watt das Butterschmalz 1 Minute zerlassen, dann den Curry einrühren. Kartoffeln dazugeben, außerdem 2 El Wasser und Salz. Bei 600 Watt zugedeckt 5 Minuten erhitzen.

2. Tomaten kreuzweise einritzen, den Stielansatz herausschneiden. Tomaten mit 1 El Wasser bei 450 Watt 2 - 3 Minuten erhitzen, dabei einmal wenden. Dann im kalten Wasser abschrecken, häuten und achteln.

3. Tomaten zu den Kartoffeln geben und zugedeckt nochmals 5 Minuten garen, abschmecken.

4. Senfkörner und Sesam bei 600 Watt 1 Minute rösten, dann über das Gericht streuen.

Zubereitungszeit: 35 Minuten
Pro Portion etwa 4 g E, 5 g F, 19 g KH = 141 kcal (592 kJ)

TIP *Tomaten muß man immer anritzen, bevor man sie in der Mikrowelle weiterverarbeitet. Tut man das nicht, explodieren sie geradezu, weil sich unter der festen Haut schnell ein Überdruck bildet. Will man sie häuten, schneidet man sie auf der Oberseite kreuzförmig ein und löst den Stielansatz keilförmig heraus. Dann kann man sie mit 1 El Wasser bei halber Leistung 1-2 Min. erhitzen, abschrecken und häuten.*

Kalte Kartoffelsuppe mit Kaviar

Für 6 Portionen:
750 g mehlig kochende Kartoffeln
1 Petersilienwurzel (ca. 150 g)
1 Möhre (ca. 50 g)
1 El Butter oder Margarine
$^{1}/_{4}$ l Milch
1 l Hühnerfond
2 Becher Crème double (à 125 g)
Pfeffer a.d. Mühle
Salz
100–125 g Lachs-Kaviar

1. Kartoffeln schälen, waschen und vierteln. Petersilienwurzel und Möhre putzen, waschen und in Stücke schneiden.

2. Bei 600 Watt die Butter oder Margarine in einer Schüssel 1 Minute zerlassen, dann Kartoffeln, Petersilienwurzel und Möhre zugeben, mit Milch auffüllen, bei 600 Watt 20 Minuten dünsten.

3. Fond und $1^{1}/_{2}$ Becher Crème double zugeben und pürieren. Mit Pfeffer und Salz würzen und die Suppe im Kühlschrank eiskalt werden lassen.

4. Nochmals abschmecken. (Vorsicht mit Salz, der Kaviar ist recht salzig!)

5. Die Kartoffelsuppe in 6 Suppenteller verteilen, mit der restlichen Crème double und dem Lachs-Kaviar garniert servieren.

Vorbereitungszeit: 20 Minuten
Garzeit: 20 Minuten (plus mindestens 3 Stunden Kühlzeit)
Pro Portion etwa 10 g E, 26 g F, 21 g KH = 361 kcal (1514 kJ)

Kartoffel-Möhren-Eintopf

Für 4 Portionen:
500 g Schweinerippchen
1 El Öl, 1 El Zucker
250 g kleine Kartoffeln
500 g Möhren
3 Stangen Frühlingszwiebeln
$^{1}/_{8}$ l kräftige Hühnerbrühe (Instant)
$^{1}/_{8}$ l Schlagsahne
1 gehäufter El Dijon-Senf
2 El helles Saucenbindemittel
Salz, Pfeffer a. d. Mühle
1 Beet Kresse

1. Die Schweinerippchen in kleine Portionen schneiden. Öl und Zucker in einem genügend großen Gefäß mit den Rippchen mischen. Offen bei 600 Watt in 8 Minuten karamelisieren. Nach 4 Minuten einmal herausnehmen und wenden.

2. Die Kartoffeln schälen und vierteln. Möhren putzen, waschen und in Scheiben schneiden. Die Frühlingszwiebeln putzen und in breite Ringe schneiden. Die Gemüse und die Hühnerbrühe zum Fleisch geben. Das Gefäß abdecken und alles bei 600 Watt 3 Minuten garen. Dann auf 360 Watt herunterschalten und 17 Minuten weitergaren.

3. Die Sahne mit Senf und Saucenbindemittel verrühren, unter den Eintopf rühren und bei 600 Watt noch einmal 2 Minuten aufkochen. Mit Salz und Pfeffer abschmecken. Die Kresse vom Beet schneiden und über den Eintopf streuen.

Vorbereitungszeit: 15 Minuten
Garzeit: 30 Minuten
Pro Portion etwa 16 g E, 36 g F, 27 g KH = 497 kcal (2081 kJ)

TIP *Junge Möhren gart man in der Mikrowelle am besten mit etwas Fett (Butter, Margarine oder Öl) im geschlossenen Gefäß. Ältere Möhren muß man ganz mit Flüssigkeit bedecken, da sie sonst trocken und zäh werden.*

Fisch-Eintopf

Für 4 Portionen:
200 g Rotbarschfilet
100 g Lachsfilet
1 El Zitronensaft
1 Frühlingszwiebel
1 Knoblauchzehe
1/2 rote Paprikaschote (100 g)
50 g Staudensellerie
(4–5 innere Stangen)
1 Möhre (50 g)
1 große Kartoffel (150 g)
100 g Salatgurke
400 ml heißer Fischfond
(Glas)
200 ml heiße Gemüsebrühe
(Instant)
1 Lorbeerblatt
1 Tl Paprika (scharf)
1 gestr. Tl Kurkumapulver
1/2 Tl Fenchelsamen
Salz
150 ml Weißwein (trocken)
2 El gehackter Dill
2 El Schnittlauchröllchen

1. Fisch waschen, abtrocknen. Getrennt in Würfel schneiden, dabei evtl. Gräten entfernen. Mit Zitronensaft beträufeln.

2. Zwiebel putzen, waschen, Knoblauch pellen. Beides fein würfeln. Paprika, Staudensellerie putzen, waschen, in kleine Würfel schneiden. Möhre, Kartoffel schälen, waschen, ebenfalls in kleine Würfel schneiden. Salatgurke schälen oder waschen, halbieren, entkernen, in Würfel schneiden.

3. Gemüse mit Fond, Brühe und den Gewürzen in eine große Form geben. Bei 600 Watt zugedeckt 10–12 Minuten kochen.

4. Weißwein und Rotbarsch unterrühren. Bei 600 Watt 2 Minuten erhitzen. Dann Lachs hinzufügen und nochmals 2 Minuten bei 600 Watt erhitzen. Evtl. mit Salz und Kurkuma abschmecken. Mit den Kräutern bestreuen.

Dazu: Weißbrot.

Zubereitungszeit: 45 Minuten
Pro Portion etwa 16 g E, 6 g F, 8 g KH = 182 kcal (762 kJ)

Schneller Borschtsch

Für 4 Portionen:
1 kleine Zwiebel (50 g)
2 Knoblauchzehen
1 Porree (100 g)
100 g Wirsing (1/4 Kopf)
200 g Kartoffeln
3 Rote Bete (300 g, mit
jungen Blättchen)
1 kl. Dose Tomaten (400 g EW)
750 ml heiße Fleischbrühe
(Instant)
5 Lorbeerblätter
1 Tl Paprikapulver (edelsüß)
1/2 Tl Estragon (getrocknet)
Salz
Pfeffer a. d. Mühle
250 g gemischtes Hackfleisch
1 Tl Paprikapulver
Kümmel (gemahlen)
150 g Schmant

1. Zwiebel und Knoblauch pellen und fein hacken. Porree putzen, längs halbieren, waschen und in Streifen schneiden. Wirsing waschen, große Rippen entfernen, Blätter in feine Streifen schneiden. Kartoffeln und Rote Bete schälen, waschen und in dünne Streifen schneiden. Rote-Bete-Blättchen hacken, beiseite legen.

2. Das Gemüse in eine große Form geben. Zerdrückte Tomaten mit der Flüssigkeit hinzufügen.

3. Heiße Brühe zugießen. Lorbeer, Paprika, Estragon dazugeben und mit Salz und Pfeffer würzen.

4. Zugedeckt in 5–18 Minuten bei 600 Watt kochen. Offen 6–8 Minuten weiterkochen. Dabei einmal umrühren.

5. Hack mit Salz, Pfeffer, Paprika und Kümmel verkneten. Würzig abschmecken.

6. 12 walnußgroße Bällchen formen. In den Eintopf geben, in 7 Minuten bei 600 Watt garen.

7. Borschtsch abschmecken. Auf jede Portion 1 gehäuften El Schmant und Rote-Bete-Blättchen geben.

Zubereitungszeit: 60 Minuten
Pro Portion etwa 19 g E, 20 g F, 18 g KH = 355 kcal (1448 kJ)

Tomaten-Paprika-Cremesuppe

Für 4 Portionen:
2 rote Paprikaschoten
2 reife Fleischtomaten (500 g)
1 Zwiebel
1 Knoblauchzehe
1 El kaltgepreßtes Olivenöl
frischer Thymian
½ Glas Hühnerfond
1 Becher Crème double (125 g)
Pfeffer a.d. Mühle
Salz
50 g Toastbrot
15 g Butter oder Margarine

1. Paprikaschoten waschen, putzen, vierteln und in breite Streifen schneiden. Im geschlossenen Gefäß bei 600 Watt 5 Minuten garen.

2. Tomaten kreuzweise einritzen. Den Stielansatz keilförmig herausschneiden. Tomaten mit 1 El Wasser 2–3 Minuten bei 450 Watt erhitzen, dabei einmal wenden.

3. Tomaten herausnehmen, abschrecken, häuten und vierteln. Zwiebel und Knoblauch pellen, fein würfeln.

4. Zwiebeln und Knoblauch in dem Olivenöl offen bei 600 Watt 1 Minute andünsten, Paprika zugeben und 2 Minuten offen weitergaren. Tomaten und einige abgezupfte Thymianblätter zugeben, nochmals 1 Minute garen.

5. Alles mit dem Schneidstab des Handrührers pürieren, Brühe und Crème double zugeben, 3–4 Minuten bei 600 Watt erhitzen, mit Pfeffer und Salz würzen.

6. Für die Croûtons das Brot entrinden, würfeln und mit der Butter oder Margarine in ein kleines Gefäß geben. Bei 600 Watt 2–3 Minuten erhitzen, dabei wenden. Suppe anrichten, mit Croûtons bestreuen und mit einigen Thymianblättchen garnieren.

Zubereitungszeit: 40 Minuten
Pro Portion etwa 4 g E, 20 g F, 14 g KH = 261 kcal (1091 kJ)

Minestrone

Für 4 Portionen:
100 g magerer durchwachsener Speck
2 Frühlingszwiebeln
1 El Olivenöl
200 g Tomaten
100 g Spinat
100 g Zucchini
100 g Wirsing (¼ Kopf)
100 g TK-Erbsen
100 g TK-Dicke Bohnen
750 ml heiße Fleischbrühe (Instant)
3 El gehacktes Basilikum
Paprikapulver (edelsüß)
evtl. Salz
8 El frisch geriebener Parmesankäse

1. Speck in kleine Würfel schneiden. Zwiebeln putzen, waschen, in Ringe schneiden. Mit Speck und Öl in einer Form offen 4 Minuten bei 600 Watt andünsten.

2. Tomaten häuten, entkernen, kleinschneiden. Spinat verlesen, gründlich waschen, in Streifen schneiden. Zucchini putzen, waschen, in Stifte schneiden. Wirsing putzen, waschen, dicke Rippen entfernen, Blätter in Streifen schneiden.

3. Wirsing, tiefgekühlte Erbsen und Bohnen und heiße Brühe zur Speck-Zwiebel-Mischung geben.

4. Zugedeckt 8 Minuten bei 600 Watt garen. Umrühren. Tomaten, Spinat und Zucchini zufügen. In 3 Minuten fertig garen.

5. Basilikum unterrühren. Minestrone mit Paprika und evtl. Salz abschmecken.

6. Jede Portion mit 2 El Parmesan bestreut servieren.

Zubereitungszeit: 40 Minuten
Pro Portion etwa 12 g E, 22 g F, 12 g KH = 308 kcal (1288 kJ)

TIP *Damit's ein guter Eintopf wird: Fleisch und Gemüse in kleine Stücke schneiden. Genügend Flüssigkeit verwenden. Immer abgedeckt garen. Zwischendurch umrühren.*

Kerbelsuppe

Für 2 Portionen:
1 Möhre (ca. 50 g)
1 Topf Kerbel
3 Eigelb
50 ml Schlagsahne
150 ml Brühe
50 ml Weißwein, Salz
Muskatnuß (frisch gerieben)

1. Möhre schälen, waschen und in sehr dünne kurze Streifen schneiden.

2. Kerbel abspülen, einige Blättchen zurücklegen. Übrige grob hacken, mit Eigelb und Sahne im Mixer pürieren.

3. Mit Brühe und Weißwein in eine Schüssel geben. Mit Salz und Muskat würzen. Möhre hinzufügen.

4. Bei 360 Watt 6–8 Minuten erhitzen. Dabei nach ca. 3 Minuten immer wieder durchrühren und die Konsistenz prüfen. Das Eigelb soll cremig, jedoch nicht flockig werden.

5. Kerbelcreme abschmekken, mit den Kerbelblättchen garniert servieren.

Zubereitungszeit: 20 Minuten
Pro Portion etwa 6 g E, 18 g F, 4 g KH = 225 kcal (943 kJ)

Gemüsesuppe mit Rübchen und Möhren

Für 4 Portionen:
250 g Möhren
250 g weiße Rübchen
1 El Butter
1 El Zucker
2 Gläser Hühnerfond (à 400 ml)
2 Bund glatte Petersilie
50 g Parmesan
3–4 El kaltgepreßtes Olivenöl
Salz
Pfeffer a.d. Mühle

1. Möhren und Rübchen putzen und in Stücke schneiden. Butter und Zucker in einer runden Form bei 600 Watt 4 Minuten erhitzen, dabei nach 2 Minuten einmal umrühren.

2. Gemüse in dem Karamel wenden, 1 Glas Hühnerfond dazugießen und alles bei 600 Watt geschlossen 5–8 Minuten garen.

3. In der Zwischenzeit Petersilie fein hacken und Parmesan reiben. Beides mit dem Öl zu einer dicken Paste rühren, salzen.

4. Restlichen Fond zur Suppe geben, nochmals 3 Minuten erhitzen, mit Salz und Pfeffer abschmecken. In Teller füllen und mit der Petersilienpaste servieren. Jeder nimmt sich von der Paste nach Geschmack zur Suppe.
Dazu paßt Baguette.

Zubereitungszeit: 35 Minuten
Pro Portion etwa 6 g E, 16 g F, 9 g KH = 208 kcal (872 kJ)

Kochen mit Mikrowelle

FISCH

TIP *Zum Garen von Fisch ist die Mikrowelle das ideale Gerät. Selbst Köche in der Top-Gastronomie haben sie für ihre Fischgerichte à la minute entdeckt. Denn es gibt kaum ein anderes Lebensmittel, dem die Zubereitung in der Mikrowelle so gut bekommt. Der Fisch bleibt zart und saftig, zerfällt nicht und ist in wenigen Minuten gar.*

Schollen-Filets auf Fenchel

Für 2 Portionen:
4 Scheiben Frühstücksspeck (Bacon, ca. 50 g)
1 Zitrone
2 Schollenfilets (à ca. 200 g)
1 Fenchel (ca. 350 g)
1 El Weißwein
3 El Crème fraîche
Salz
weißer Pfeffer a. d. Mühle
1/2 Orange

1. Speck in feine Würfel schneiden. Zitrone auspressen, die Hälfte des Saftes über den Speck geben.

2. Den Fisch abspülen, abtrocknen, mit restlichem Zitronensaft beträufeln. Jedes Schollenfilet der Länge nach halbieren.

3. Speck auf einen Teller legen und bei 600 Watt in 5 Minuten kroß braten.

4. Fenchel putzen, waschen. Das Grün abschneiden, hakken und beiseite legen. Die Knolle vierteln, längs in feine Scheiben schneiden. Mit dem Wein bei 600 Watt zugedeckt in einer flachen Form 5–6 Minuten vorgaren.

5. 1 El Crème fraîche unter das Gemüse rühren, mit Salz und Pfeffer würzen.

6. Schollenfilets abtupfen, mit Salz und Pfeffer würzen. Orange waschen und in Scheiben schneiden.

7. Schollenfilets zur Hälfte zusammenlegen. Je eine Orangenscheibe dazwischen legen. Filets mit 1/2 El Crème fraîche bestreichen, mit der Hälfte des Specks bestreuen.

8. Auf dem Fenchel 4 Minuten bei 360 Watt garen. Wenden, restliche Crème fraîche und restlichen Speck daraufgeben. In 4–5 Minuten bei 360 Watt fertiggaren. Mit Fenchelgrün bestreut servieren.

Zubereitungszeit: 35 Minuten
Pro Portion etwa 42 g E, 24 g F, 19 g KH = 496 kcal (2071 kJ)

Forellen mit Nußbutter

Für 2 Portionen:
2 Forellen (à ca. 375 g)
Salz, Pfeffer a. d. Mühle
Zitronensaft
50 g Walnußkerne
50 g Pistazienkerne
75 g weiche Butter
1 Tl Zitronenschale (fein gerieben, von 1 unbehandelten Frucht)
2 El Weißwein

1. Die Forellen putzen, waschen und trocknen. Von innen und außen mit Salz, Pfeffer und Zitronensaft würzen. Die Nüsse grob hacken. Die Hälfte davon mit der weichen Butter und der Zitronenschale verkneten.

2. Die Nußbutter in die Forellen füllen, Forellen in eine flache Form legen. Restliche Nüsse über die Forellen streuen. Wein zugießen und bei 600 Watt 7 Minuten garen.

Dazu paßt Reis und eventuell noch etwas zerlassene Butter.

Zubereitungszeit: 20 Minuten
Pro Portion etwa 47 g E, 65 g F, 7 g KH = 845 kcal (3534 kJ)

Soja-Fisch im Wirsing-Päckchen

Für 4 Portionen:
400 g Rotbarschfilet
2 El Essig
6 El Sojasauce, Salz
Pfeffer a. d. Mühle
Tabasco
8 große Wirsingblätter
1 lange Stange Porree
1/2 rote Paprikaschote (100 g)
50 ml Schlagsahne
2 El dunkles Saucenbindemittel
1 El Sherry medium
2 El Kresse oder gehackter Estragon

1. Rotbarsch waschen, abtrocknen, in kleine Würfel schneiden. Mit Essig, 3 El Sojasauce, Salz, Pfeffer, Tabasco würzen und 10 Minuten durchziehen lassen.

2. Wirsing waschen. Porree putzen, längs halbieren, waschen. Vier feste, dunkelgrüne Blätter der Länge nach nochmals halbieren. Mit dem Wirsing tropfnaß in ein Tuch wickeln. Bei 600 Watt 3 Minuten blanchieren. In Eiswasser abschrecken.

3. Restlichen Porree in feine Streifen schneiden. Zum Fisch geben. Paprika putzen, waschen, in feine Würfel schneiden. Eine Hälfte zum Garnieren beiseite legen, die andere zum Fisch geben.

4. Wirsingblätter ausbreiten, Rippen flachschneiden. Die Fisch-Gemüse-Mischung hineingeben.

5. Zu kleinen Bündeln formen und mit je einem blanchierten Porreeband zusammenbinden.

6. Päckchen in eine weite Form setzen. Fischmarinade, restliche Sojasauce sowie die Sahne zugießen.

7. Zugedeckt in 9–10 Minuten bei 600 Watt garen. Dann auf einer Platte anrichten.

9. Saucenbindemittel in die Flüssigkeit rühren, in 3 Minuten bei 600 Watt binden.

10. Sherry unterrühren. Mit Salz und Pfeffer abschmekken. Sauce zum Fisch geben. Paprikawürfel und Kräuter darüberstreuen.

Zubereitungszeit: 45 Minuten
Pro Portion etwa 22 g E, 8 g F, 7 g KH = 199 kcal (836 kJ)

Scampi-Curry

Für 4 Portionen:
8 rohe Scampi (ca. 250 g)
2 Fleischtomaten (ca. 700 g)
1 Zwiebel, 1 Knoblauchzehe
15 g frischer Ingwer
30 g Butterschmalz
1 kleine Chilischote (getrocknet)
1/2 Tl Kreuzkümmelsamen
1 Tl Korianderkörner
1 Tl Kurkuma (gemahlen)
Salz
1 Tl Garam Masala

1. Scampi schälen, dabei die Schwanzflossen dranlassen. Dann der Länge nach aufschneiden, so daß sie nur noch an der Schwanzflosse zusammenhängen. Darm herauslösen.

2. Fleischtomaten kreuzweise einritzen, Blütenansatz herausschneiden, Tomaten mit kochendem Wasser überbrühen, abschrecken, pellen und achteln. Zwiebel, Knoblauchzehe und Ingwer pellen und sehr fein würfeln.

3. Zwiebel, Ingwer und Knoblauch in dem Butterschmalz bei 600 Watt 3 Minuten andünsten.

4. Gewürze mahlen. Mit dem Kurkuma zum Zwiebel-Ingwer-Schmalz geben. Tomaten unterheben und bei 600 Watt 3 Minuten garen. Tomaten herausnehmen.

5. Scampi in den Fond geben, bei 600 Watt 2 Minuten garen. Tomaten wieder zufügen, mit Salz und Garam Masala abschmecken.

Vorbereitungszeit: 45 Minuten
Garzeit: 8 Minuten
Pro Portion etwa 10 g E, 8 g F, 6 g KH = 131 kcal (546 kJ)

TIP *Ob mit oder ohne Schale, Scampi werden in der Mikrowelle in wenigen Minuten gar und bleiben zart und saftig. Man sollte aber nicht mehr als ein halbes Pfund auf einmal garen, größere Mengen lieber in zwei Etappen. Ohne Schale: 2 Minuten bei 600 Watt, mit Schale 3 Minuten bei 600 Watt.*

Kabeljaukoteletts auf Paprika

Für 4 Portionen:
4 Kabeljaukoteletts (à ca. 200 g)
2–3 El Zitronensaft
3 Frühlingszwiebeln
3 El Butter
2 rote Paprikaschoten (ca. 350 g)
Salz
weißer Pfeffer a. d. Mühle
1 Knoblauchzehe
3–4 Thymianzweige

1. Fisch abspülen, abtrocknen, mit Zitronensaft beträufeln.

2. Zwiebeln putzen, waschen, in Ringe schneiden. 1 El Butter in eine weite Form geben. Zwiebeln daraufhäufen und in 3 Minuten bei 600 Watt andünsten.

3. Paprika putzen, waschen, in Würfel schneiden. Zu den Zwiebeln geben und 2 Minuten bei 600 Watt dünsten.

4. Fisch und Gemüse mit Salz und Pfeffer würzen. Knoblauch schälen, durch die Presse auf die Koteletts drücken. Fisch mit der fleischigen Seite nach innen auf die Paprikawürfel geben.

5. Thymianzweige dazwischengeben. Mit 1 El Zitronensaft beträufeln und restliche Butter in Flöckchen daraufsetzen.

6. Zugedeckt 8–9 Minuten bei 360 Watt garen. Thymianzweige entfernen. Kabeljau in der Form servieren.

Dazu: Reis mit Kräutern, Baguette oder Butterkartoffeln.

Zubereitungszeit: 30 Minuten
Pro Portion etwa 33 g E, 14 g F, 4 g KH = 283 kcal (1181 kJ)

Scampi spanisch

Für 2 oder 4 Portionen:
5 Knoblauchzehen
1 rote Chilischote
50 ml Fischfond
50 ml Olivenöl
8 Scampi
(roh, 400 g mit Schale)
75 g luftgetrockneter milder Schinken
2–3 El gehackte glatte Petersilie
evtl. Salz

1. Knoblauch schälen, in feine Scheiben schneiden. Chili entstielen, entkernen, waschen, in feine Streifen schneiden.

2. Fond und Öl mit Knoblauch und Chili zugedeckt in 7 Minuten bei 600 Watt aufkochen.

3. Die Scampi schälen. Schwanzende dabei nicht entfernen. Abspülen und trockentupfen.

4. Schinken in dünne Streifen schneiden.

5. Scampi und Schinken in den Sud geben. Zugedeckt bei 360 Watt in 4–5 Minuten garen, dabei einmal wenden.

6. Petersilie unterheben, evtl. mit Salz abschmecken.

Zubereitungszeit: 30 Minuten
Pro Portion (bei 4 Portionen) etwa 12 g E, 17 g F, 1 g KH = 214 kcal (894 kJ)

Als Vorspeise mit frischem Weißbrot, oder als Hauptgericht mit wildem Reis oder einer Langkorn/Wildreis-Mischung.

Forellen mit Spinat-Sauerampfer-Füllung

Für 2 Portionen:
2 küchenfertige Forellen (à ca. 200 g)
Saft 1/2 Zitrone
50 g Spinat und Sauerampfer (gemischt)
2 Frühlingszwiebeln
50 ml Weißwein
Salz
weißer Pfeffer a. d. Mühle
Muskatnuß (frisch gerieben)
3 El Butter

1. Forellen abspülen, trockentupfen, innen mit Zitronensaft beträufeln.

2. Spinat und Sauerampfer verlesen, abspülen, abtrocknen, hacken.

3. Zwiebeln putzen, waschen, in feine Ringe schneiden. In einer weiten Form mit dem Wein 2 Minuten bei 600 Watt vorgaren. Mit Salz und Pfeffer würzen.

4. Forellen abtupfen, innen mit Salz und Pfeffer würzen. In die Form legen. Mit Spinat und Sauerampfer füllen und mit Muskat würzen. Die Butter in Flöckchen in die Fische geben. Den restlichen Spinat und Sauerampfer ringsum verteilen.

5. Zugedeckt in 7 Minuten bei 360 Watt garen. Den Sud eventuell mit Salz und Pfeffer abschmecken.

Zubereitungszeit: 30 Minuten
Pro Portion etwa 31 g E, 29 g F, 3 g KH = 432 kcal (1806 kJ)

TIP *Kleine ganze Fische, wie zum Beispiel Forellen, kann man sehr gut in der Mikrowelle zubereiten. Große ganze Fische ab 4 Portionen – sollte man wie gewohnt auf dem Herd zubereiten, die Zeitersparnis in der Mikrowelle fällt nicht mehr ins Gewicht.*

Scampi im Weinsud

Für 4 Portionen:
500 g Scampi
(roh in der Schale)
1/8 l Weißwein
1 Stück Schale einer unbehandelten Zitrone
ein paar Fenchelkörner

1. Die Scampi waschen und eventuell den Darm herausziehen.

2. Weißwein, Zitronenschale und die Fenchelkörner in ein Gefäß geben. Den Wein offen bei 600 Watt in 1 Minute erhitzen.

3. Die Hälfte der Scampi in den Sud geben. Das Gefäß abdecken und die Scampi bei 600 Watt 3 Minuten garen. Scampi aus dem Sud nehmen und warm stellen. Die andere Hälfte der Scampi auf die gleiche Weise zubereiten.

4. Scampi aus dem Sud nehmen, auf vorgewärmte Teller legen. Mit etwas Sud beträufeln, mit Baguette servieren.

Vorbereitungszeit: 5 Minuten
Zubereitungszeit: 6 Minuten
Pro Portion etwa 15 g E, 1 g F, 0 g KH = 94 kcal (392 kJ)

TIP *Fischfilets werden in der Mikrowelle immer abgedeckt gegart, damit sie nicht austrocknen. Die Filets so in das Gefäß legen, daß sich die dünneren Teile überlappen. Nur wenig Wasser oder Wein dazugießen, damit der Fisch nicht auslaugt, sondern seinen Eigengeschmack behält.*

Lachsfilet auf Porreebett

Für 4 Portionen:
600 g Porree
130 g Butter
Mikrowellenfolie
Salz, Pfeffer a. d. Mühle
8 Scheiben Lachsfilet
(ca. 600 g)
3 El Noilly Prat
2 Eigelb
(von Eiern der Gew.-Kl. 2)
1 El Zitronensaft
3 El Fischfond (a. d. Glas)
2 El gehackte Petersilie

1. Den Porree putzen, waschen und in feine Ringe schneiden. 30 g Butter in einer flachen Form bei 600 Watt 1 1/2 Minuten zerlassen.

2. Den Porree einrühren, mit Mikrowellenfolie abdecken und bei 600 Watt 3 Minuten garen. Mit Salz und Pfeffer würzen.

3. Das Lachsfilet mit Salz würzen, auf den Porree legen und mit 1 El Noilly Prat beträufeln. Mit Folie abgedeckt bei 600 Watt 3 Minuten garen, zugedeckt beiseite stellen.

4. Die Eigelb mit dem restlichen Noilly Prat, Zitronensaft, Fischfond und etwas Salz verrühren. Bei 600 Watt 2mal je 30 Sekunden erhitzen. Zwischendurch, und vor allem hinterher, mit dem Schneebesen gründlich verschlagen.

5. Die restliche Butter im Meßbecher bei 600 Watt 1 1/2 Minuten zerlassen und nach und nach in die Eigelbmasse einschlagen. Abschmecken und mit der gehackten Petersilie bestreut zum Lachsfilet und dem Porree servieren. Dazu passen Petersilienkartoffeln.

Zubereitungszeit: 30 Minuten
Pro Portion etwa 34 g E, 51 g F, 6 g KH = 659 kcal (2571 kJ)

Seezungen mit Julienne-Gemüse

Für 2 Portionen:
2 küchenfertige Seezungen (à ca. 250 g)
Saft von 1 Zitrone
1–2 Möhren (100 g)
50 ml Fischfond
1–2 Frühlingszwiebeln (100 g)
1 kleine Zucchini (100 g)
20 g Ingwer
Salz
weißer Pfeffer a. d. Mühle
einige Kerbelblättchen

1. Fisch abspülen, abtrocknen und mit Zitronensaft beträufeln.

2. Möhren schälen, waschen, in dünne Streifen schneiden.

3. Mit dem Fischfond in ein Gefäß geben und zugedeckt 2 Minuten bei 600 Watt garen.

4. Zwiebeln und Zucchini putzen, waschen, ebenfalls in dünne Streifen schneiden. Ingwer schälen, fein würfeln.

5. Fisch trockentupfen, mit Salz und Pfeffer würzen.

6. Zwiebeln und Fisch zu den Möhren geben. Ingwer darüberstreuen. 2 Minuten zugedeckt bei 360 Watt garen. Die Zucchini zufügen und alles in 8–9 Minuten fertiggaren.

7. Mit Kerbelblättchen bestreut servieren.

Dazu: Kartoffelgratin oder Reis.

Zubereitungszeit: 35 Minuten
Pro Portion etwa 46 g E, 4 g F, 6 g KH = 261 kcal (1092 kJ)

Dorschfilet mit Tomaten

Für 4 Portionen:
250 g Dorschfilet im Stück
500 g Fleischtomaten
Pfeffer a.d. Mühle
Salz
Oregano
3 Tl kaltgepreßtes Olivenöl

1. Fischfilet waschen, abtrocknen und schräg in Scheiben schneiden. Tomaten waschen, Stielansatz herausschneiden. Tomaten in Scheiben schneiden.

2. Fisch und Tomaten schuppenförmig in einer Schüssel anordnen. Pfeffern, salzen, mit Oreganoblättchen bestreuen und mit Olivenöl beträufeln.

3. Bei 600 Watt offen 7–8 Minuten garen.

Zubereitungszeit: 15 Minuten
Pro Portion etwa 2 g E, 3 g F, 4 g KH = 94 kcal (391 kJ)

Karpfen Matelote

Für 4 Portionen:
125 g Schalotten
125 g kleine Champignons
30 g Butter
30 g Mehl
1/2 Bund Thymian
1 Lorbeerblatt
100 ml Weißwein
200 ml Fischfond a. d. Glas
50 g Crème fraîche, Salz
1 kleiner Karpfen (ca. 1 kg)
Zitronensaft

1. Die Schalotten pellen und halbieren oder vierteln. Die Pilze putzen und abreiben, eventuell halbieren.

2. Die Butter in einem Topf bei 600 Watt 1 1/2 Minuten zerlassen. Das Mehl unterrühren, die Schalotten zugeben. Weitere 2 Minuten bei 600 Watt anschwitzen.

3. Die Hälfte der Thymianblätter, das Lorbeerblatt, Weißwein, Fischfond und Crème fraîche zugeben und gut verrühren. Anschließend die Pilze zugeben und mit Salz würzen. Bei 600 Watt 5 Minuten garen.

4. Inzwischen den Karpfen waschen, Kopf und Flossen abschneiden. Den Fisch in sechs bis acht Scheiben schneiden (macht auf Wunsch der Fischhändler), salzen und mit Zitronensaft würzen. In eine flache Form legen. Bei 600 Watt 3 Minuten garen.

5. Die Pilzsauce über den Karpfenscheiben verteilen. Bei 600 Watt 2 Minuten garen. Mit dem restlichen Thymian bestreut servieren. Dazu paßt Kartoffelpüree.

Zubereitungszeit: 40 Minuten
Pro Portion etwa 26 g E, 17 g F, 9 g KH = 318 kcal (1327 kJ)

Forelle blau

Für 4 Portionen:
4 Forellen
(à 200 g, küchenfertig)
6 El Weißweinessig
1 Tl Pfefferkörner
3 Lorbeerblätter
Salz

1. Die Forellen nur innen vorsichtig waschen, damit die Schleimhaut nicht verletzt wird. Je zwei Forellen in einen tiefen Teller legen.

2. Essig mit 1/4 l Wasser, Pfefferkörnern, Lorbeer und Salz in ein Gefäß geben und offen bei 600 Watt in 4 Minuten zum Kochen bringen.

3. Forellen mit dem kochenden Sud übergießen. Die Teller abdecken. Die Forellen bei 600 Watt von jeder Seite 3 Minuten garen.

Mit Petersilienkartoffeln und zerlassener Butter servieren.

Vorbereitungszeit: 7 Minuten
Zubereitungszeit: 12 Minuten
Pro Portion etwa 26 g E, 4 g F, 1 g KH = 148 kcal (614 kJ)

Kochen mit Mikrowelle

GEMÜSE

TIP *Das Mikrowellengerät ist ein ganz idealer Helfer für alle, die das beste aus frischem Gemüse machen möchten. Denn die Mikrowelle gart das Gemüse schonend im eigenen Saft, ohne oder fast ohne Flüssigkeitszugabe. Je wasserhaltiger ein Gemüse ist, desto schneller und unproblematischer wird es von den Mikrowellen gegart. Aber eines ist wichtig: Gemüse muß immer frisch sein. Angetrocknetes Gemüse gart ungleichmäßig, wird hart und faserig. Deshalb ist qualitätsbewußter Einkauf die Basis für den erfolgreichen Umgang mit Gemüse in der Mikrowelle.*

Tomaten-Auflauf mit Hackfleisch

Für 4 Portionen:
750 g gemischtes Hackfleisch
Salz, Pfeffer a. d. Mühle
1 Topf frischer Oregano (ersatzweise 1 Tl getrockneter Oregano)
2 Eier (Gew.-Kl. 2)
75 g gekochter Reis
1 kg Fleischtomaten
2 Bd. glatte Petersilie
2 Scheiben altbackenes Toastbrot
1 Knoblauchzehe, 2 El Öl

1. Das Hackfleisch mit Salz, Pfeffer und Oregano würzen und gründlich mit den Eiern vermengen.

2. Bei 600 Watt 3 Minuten garen. Dann mit einer Gabel zerkrümeln und weitere 5 Minuten garen, dabei zwischendurch 2–3mal umrühren. Das Hackfleisch mit dem Reis mischen und in eine flache Auflaufform streichen.

3. Die Tomaten waschen, den Stielansatz herausschneiden. Die Tomaten in dünne Scheiben schneiden fächerförmig auf das Hackfleisch legen.

4. Die Petersilie waschen, trockenschütteln. Die Blättchen von den Stielen zupfen. Das Toastbrot in Würfel schneiden, die Knoblauchzehe pellen. Mit dem Öl in einen Mixer geben und zu einer Paste verarbeiten. Mit Salz und Pfeffer würzen.

5. Paste auf die Tomaten streichen, Auflauf bei 600 Watt 12 Min. garen.

Vorbereitungszeit: 20 Minuten
Garzeit: 12 Minuten
Pro Portion etwa 44 g E, 55 g F, 30 g KH = 849 kcal (3563 kJ)

Pellkartoffeln mit Speckstippe

Für 4 Portionen:
500 g kleine Kartoffeln
75 g fetter Speck

1. Die Kartoffeln gründlich waschen. Mit einer Tasse Wasser in ein Gefäß geben und geschlossen bei 600 Watt 10 Minuten garen.

2. In der Zwischenzeit den Speck fein würfeln und in ein hohes Gefäß geben. Die Kartoffeln abgießen und warm stellen.

3. Den Speck in der Mikrowelle bei 600 Watt im offenen Gefäß 2–3 Minuten auslassen. Kartoffeln pellen und mit dem Speck servieren. Dazu: Matjes

Vorbereitungszeit: 10 Minuten
Garzeit: 12–13 Minuten
Pro Portion etwa 3 g E, 17 g F, 18 g KH = 247 kcal (1035 kJ)

Zucchini-Lammfleisch-Förmchen

Für 6 Portionen:
2 Zucchini (ca. 400 g)
Saft einer halben Zitrone
250 g schieres Lammfleisch
2 Knoblauchzehen
Provenzalische Kräutermischung
Pfeffer a. d. Mühle, Salz
3 El Olivenöl, 250 g Kartoffeln
1 kleine Aubergine (250 g)
1 Paket Tomatenpüree (500 g)

1. Zucchini der Länge nach in dünne Scheiben schneiden, mit Zitronensaft beträufeln, auf einen Teller legen, mit Küchenpapier abdecken und bei 600 Watt 4 Minuten blanchieren.

2. 6 Tassen mit den Scheiben auslegen. Restliche Zucchini in feine Stifte schneiden. Fleisch in feine Streifen schneiden. 1 Knoblauchzehe pellen, durch die Knoblauchpresse zum Fleisch drücken. Fleisch und Kräutermischung, Pfeffer, Salz und 1 El Olivenöl mischen.

3. Kartoffeln schälen, waschen und in feine Stifte schneiden. In jede Tasse ein Sechstel der Zucchinistifte, des Fleisches und der Kartoffeln füllen, gut festdrücken. Mit Pfeffer und Salz würzen, die überstehenden Zucchinischeiben überklappen, die Tassen mit Mikrowellen- oder Klarsichtfolie abdecken. Tassen kreisförmig im Mikrowellengerät aufstellen und bei 600 Watt 20 Minuten garen.

4. Aubergine waschen und würfeln. Mit Zitronensaft beträufeln. Den restlichen Knoblauch durch die Presse dazugeben, mit der Kräutermischung, Pfeffer und Salz würzen, mit dem restlichen Öl mischen. Bei 600 Watt offen 3 Minuten erhitzen. Tomatenpüree zugeben, salzen, bei 600 Watt 5 Minuten erhitzen.

5. Puddings auf Teller stürzen und mit der Auberginensauce umgießen.

Vorbereitungszeit: 11/4 Stunde
Garzeit: etwa 30 Minuten
Pro Portion etwa 13 g E, 12 g F, 12 g KH = 216 kcal (905 kJ)

Gefüllte Zwiebeln

Für 4 Portionen:
4 Gemüsezwiebeln (à 250 g)
1 El Öl
1 Scheibe Toastbrot
3 El Schlagsahne
250 g Lammhack
Salz, Pfeffer a.d. Mühle
1/2 Tl Koriander (gemahlen)
1 El frisches Korianderkraut (ersatzweise glatte Petersilie)
1/8 l Fleischbrühe (Instant)
200 g Schmelzkäse
100 g Emmentaler (geraspelt)
2 El helles Saucenbindemittel
evtl. etwas Zitronensaft

1. Die Gemüsezwiebeln pellen und aushöhlen. Das Innere fein würfeln, mit dem Öl mischen und offen bei 600 Watt in fünf Minuten glasig dünsten. Zwischendurch 2–3 mal wenden.

2. Das Toastbrot entrinden und in der Schlagsahne ausquellen lassen.

3. Das Hackfleisch mit der Hälfte der Zwiebelmasse, Toastbrot, Sahne, Salz, Pfeffer, Koriander und dem feingehackten Korianderkraut mischen.

4. Die Hackfleisch-Zwiebel-Masse in die Zwiebeln füllen, die Zwiebeln in eine Form setzen. Die restliche Zwiebelmasse und die Brühe in die Form geben. Schmelzkäse in Flöckchen in die Brühe geben. Den geraspelten Emmentaler auf die Füllung streuen.

5. Die Form abdecken und die Zwiebeln bei 600 Watt 25 Minuten garen.

6. Zwiebeln aus der Form nehmen und warm stellen. Das Saucenbindemittel unter die Brühe rühren und bei 600 Watt einmal kurz aufkochen lassen. Sauce eventuell mit etwas Zitronensaft abschmecken. Zwiebeln mit der Sauce servieren.

Vorbereitungszeit: 25 Minuten
Garzeit: 25 Minuten
Pro Portion etwa 30 g E, 41 g F, 31 g KH = 634 kcal (2678 kJ)

Gemüse-Terrine

Für 8–10 Portionen:
2 Scheiben Toastbrot
50 ml Schlagsahne
300 g geputzter Fenchel
250 g Mascarpone
3 Eigelb (Gew.-Kl. 3)
50 g frisch geriebener Parmesan, 1 Tl Salz
Pfeffer a. d. Mühle
1 Prise Zucker
8 El gehackte Kräuter (Dill, Schnittlauch, glatte Petersilie, Kerbel, Estragon)
1 lange Stange Porree
Öl für die Form
100 g TK-Erbsen

1. Toast in Sahne einweichen.

2. Fenchel in Stücke schneiden, fein pürieren, auf einem Haarsieb abtropfen lassen, dabei kalt stellen.

3. Mascarpone mit Eigelb und Toast pürieren. Durch ein feines Sieb streichen.

4. Fenchelpüree durchs Sieb streichen, dazugeben.

5. Käse, Gewürze und Kräuter unterrühren. Kalt stellen.

6. Porree putzen, Blätter einzeln aufschneiden und ablösen, waschen. 6–8 breite Blätter in einem Küchentuch bei 600 Watt 2–3 Minuten blanchieren. In Eiswasser abschrecken. Abtrocknen.

7. Eine Form (750 ml Inhalt) mit Öl ausstreichen, mit den Porreeblättern auskleiden, über den Rand nach außen klappen. Die schmalen Seitenwände mit quer halbierten Blättern auskleiden.

8. Ca. 50 g gefrorene Erbsen einfüllen, verteilen. Restliche Erbsen unter die Masse heben und in die Form füllen. Blätter darüberklappen und Deckel auflegen.

9. Bei 360 Watt 30 Minuten garen. Dabei 3mal um 180 Grad drehen.

10. Etwa 45 Minuten ruhenlassen. Vorsichtig stürzen und ca. 4 Stunden kalt stellen.

Zubereitungszeit: 1 1/4 Stunden + etwa 4 3/4 Stunden Kühlzeit
Pro Portion (bei 10 Portionen) etwa 6 g E, 16 g F, 9 g KH = 208 kcal (869 kJ)

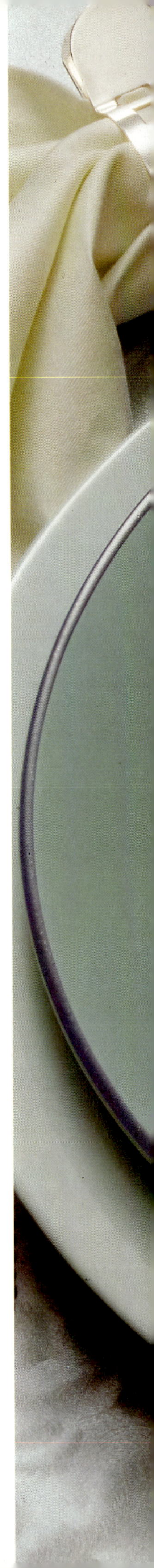

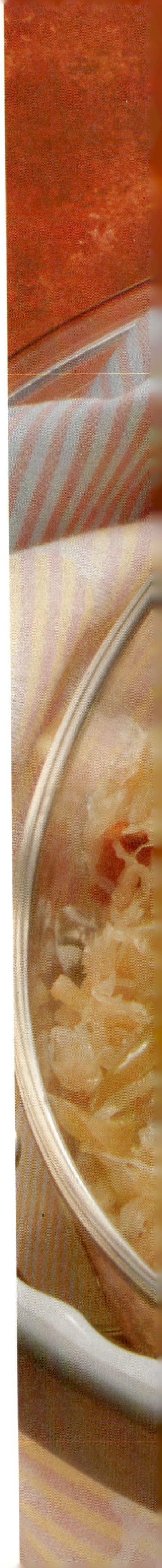

Warmer Rotkohlsalat mit Äpfeln und Grieben

Für 4 Portionen:
500 g Rotkohl
6 El Apfelessig
3 El Geflügelbrühe (a.d. Glas)
Pfeffer a.d. Mühle
Salz, 1 Tl Zucker
Gewürznelken (gemahlen)
4 El Öl
2 Äpfel (à 180 g)
1 Tl Zitronensaft
150 g Schweineflomen

1. Rotkohl vierteln, den Strunk entfernen, die Viertel in feine Streifen schneiden. Essig mit Brühe, Pfeffer, Salz, Zucker, Gewürznelken und Öl mischen, unter den Rotkohl heben.

2. Bei 600 Watt geschlossen 10 Minuten garen, abschmekken, beiseite stellen.

3. Äpfel schälen, vierteln, Kerngehäuse herausschneiden, Äpfel in Spalten schneiden, mit Zitronensaft beträufeln und auf einem Teller bei 600 Watt 3 Minuten dünsten.

4. Flomen würfeln, in eine Schüssel geben, abdecken und bei 600 Watt ca. 6 Minuten erhitzen. Durch ein Sieb gießen, Fett aufbewahren.

5. Salat und Äpfel nochmals je 1 Minute erhitzen. Äpfel auf dem Rotkohl verteilen, mit den Grieben bestreuen und servieren.

Vorbereitungszeit: 20 Minuten
Garzeit: 20 Minuten
Pro Portion etwa 2 g E, 20 g F, 14 g kH = 253 kcal (1058 kJ)

TIP *Alle Kohlsorten sind gut geeignet für das Garen in der Mikrowelle. Allerdings muß man eines beachten: Da der Kohl mit wenig bis keinem Wasser im eigenen Saft gegart wird, intensiviert sich der Eigengeschmack. Das ist gut, wenn es sich um nicht zu alten Kohl aus vernünftigem Anbau handelt. Überdüngte Sorten jedoch entwickeln noch stärker als beim konventionellen Kochen den berüchtigten Kohlgeruch und einen penetranten Geschmack. Beim Einkauf für die Mikrowelle sollte man daher noch mehr als gewöhnlich auf die Qualität achten!*

Sauerkraut

Für 4 Portionen:
500 g frisches Weinsauerkraut
1 kleine Zwiebel
2–3 Lorbeerblätter
1 Prise Zucker
Pfeffer a. d. Mühle
1 Msp. Piment (gemahlen)
1 Msp. Kümmel (gemahlen)
1 Msp. Nelken (gemahlen)
1 Msp. Macis (Muskatblüte, gemahlen)
6 Wacholderbeeren
75 g durchwachsener Speck
50 ml Weißwein, evtl. Salz
Rosinen

1. Sauerkraut etwas zerpflükken oder kleinhacken.

2. Zwiebel pellen, hacken. Mit dem Kraut und den Gewürzen in eine Form geben.

3. Speck klein würfeln, daraufgeben und offen 5 Minuten bei 600 Watt garen.

4. Wein zugeben, durchmengen und zugedeckt in 17–20 Minuten fertiggaren. Mit Zucker und evtl. Salz abschmecken. Rosinen darübergeben.

Zubereitungszeit: 30 Minuten
Pro Portion etwa 4 g E, 13 g F, 4 g KH = 152 kcal (634 kJ)

Gefüllte Champignons

Für 4 Portionen:
8 frische große Champignons (ca. 500 g)
100 g Mozzarella
1 Bund glatte Petersilie
1 El Crème double
1 Tl Senf
Pfeffer a.d. Mühle, Salz

1. Champignons waschen, putzen, die Stiele herausdrehen. Stiele fein würfeln.

2. Mozzarella fein würfeln. Petersilie waschen, 1/2 Bund fein hacken.

3. Champignonwürfel mit Mozzarella, gehackter Petersilie, Crème double, Senf, Pfeffer und Salz mischen. Masse in die Champignonköpfe füllen.

4. Champignons kreisförmig auf einem großen Teller anordnen, abdecken und bei 600 Watt 10 Minuten garen.

5. Restliche Petersilie auf einem Teller verteilen und die Champignons darauf anrichten. Den beim Garen entstandenen Saft über die gefüllten Champignons träufeln.

Vorbereitungszeit: 15 Minuten
Garzeit: 10 Minuten
Pro Portion etwa 9 g E, 7 g F, 1 g KH = 106 kcal (445 kJ)

TIP *Champignons garen in der Mikrowelle im eigenen Saft ohne Flüssigkeitszugabe. Für ein Champignongemüse dünstet man Zwiebeln in Fett an, gibt die in Scheiben geschnittenen Pilze dazu und gart sie im geschlossenen Gefäß. Garzeit für 250 g: 6–8 Minuten!*

Buntes chinesisches Gemüse

Für 4 Portionen:
4–5 Shiitake-Pilze, (getrocknet)
3 Frühlingszwiebeln
1–2 Knoblauchzehen
100 g Broccoliröschen
1–2 Möhren (100 g)
1/2 rote Paprikaschote (100 g)
2 El Sesamöl
150 g Sojasprossen
4 El Sojasauce
1 El Sherry medium
Ingwerpulver oder Cayennepfeffer
evtl. Salz

1. Pilze waschen, mit warmem Wasser in eine kleine Schüssel geben. Bei 600 Watt 8–9 Minuten zugedeckt kochen, bis sich ihr Volumen verdoppelt hat. Etwa 5 Minuten stehenlassen. Abspülen, evtl. harte Stielenden entfernen, Pilze in Scheiben schneiden.

2. Zwiebeln putzen, waschen, in Scheiben schneiden. Knoblauch pellen, kleinhacken.

3. Broccoli putzen, waschen, größere Röschen etwas zerteilen, Stiele einschneiden.

4. Möhren schälen, waschen, in dünne Stifte schneiden.

5. Paprika putzen, waschen, in kurze Streifen schneiden.

6. Gemüse, Pilze, Sesamöl in eine flache Form geben. Zugedeckt 6 Minuten bei 600 Watt dünsten.

7. Sojasprossen heiß abspülen, abgetropft unterrühren. Sojasauce unterrühren. Das Gemüse in 3 Minuten bei 600 Watt fertiggaren.

8. Sherry unterrühren. Mit Ingwer oder Cayenne und evtl. Salz abschmecken.

Dazu: Reis, gedünsteter Fisch oder Ragout aus Rinderfilet.

Zubereitungszeit: 35 Minuten
Pro Portion etwa 5 g E, 6 g F, 6 g KH = 96 kcal (401 kJ)

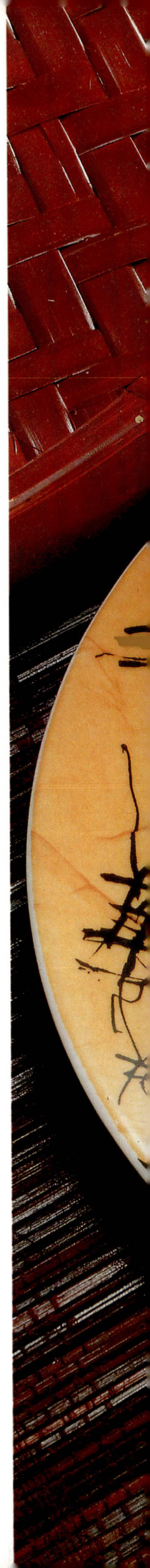

Wirsing-Förmchen mit Essig-Butter

Für 6 Portionen:
6 Wirsing-Außenblätter (ca. 300 g)
500 g Wirsing
100 g Butter
Kümmel (gemahlen)
Koriander (gemahlen)
Pfeffer a.d. Mühle
Salz
300 g Möhren
1–2 El Balsamessig

1. Die Außenblätter waschen, auf einen Teller legen und mit Küchenpapier abdecken. Bei 600 Watt 6 Minuten blanchieren. (Wenn die Blätter sehr hart sind, kann sich die Blanchierzeit auf 8–10 Minuten erhöhen.)

2. Die Mittelrippen der Blätter flachschneiden und die Blätter in 6 Tassen drücken.

3. Restlichen Wirsing putzen, waschen und in feine Streifen schneiden. Zusammen mit 30 g Butter, Kümmel, Koriander, Pfeffer und Salz in einem geschlossenen Gefäß bei 600 Watt 8 Minuten garen, dabei einmal umrühren.

4. Möhren putzen und in feine Streifen schneiden. In 20 g Butter geschlossen bei 600 Watt 3 Minuten garen. 1/3 der Möhren unter den Wirsing mischen, abschmecken.

5. Wirsingmischung in die mit den Blättern ausgelegten Tassen füllen, festdrücken und die Blätter darüberklappen. Tassen kreisförmig im Mikrowellengerät anordnen und die Förmchen bei 600 Watt 10 Minuten garen.

6. Restliche Möhrenstreifen bei 600 Watt 1 Minute erhitzen. Eine Platte mit den Möhrenstreifen auslegen und die Wirsing-Förmchen daraufstürzen.

7. Restliche Butter bei 600 Watt 2–3 Minuten erhitzen, mit dem Essig löschen und über die Förmchen gießen.

Vorbereitungszeit: 45 Minuten
Garzeit: 31 Minuten
Pro Portion etwa 3 g E, 14 g F, 6 g KH = 169 kcal (710 kJ)

Blumenkohl-Curry

Für 4 Portionen:
50 g gesalzene Erdnußkerne
1 Scheibe Toastbrot
375 g gemischtes Hack
1 Tl Sambal oelek (Pfefferschotenpaste)
2 Eier
5 El Sojasauce
3 El Kokosraspel
1 kg Blumenkohl 1 Zwiebel
30 g Butter oder Margarine
ca. 1 El Currypulver
1 El Speisestärke
2 Becher Sahnejoghurt (je 150 g)
Salz, 1 Tl Zucker

1. Nüsse fein hacken. Toastbrot entrinden, in Wasser einweichen, ausdrücken. Beides mit Hack, Sambal, Eiern und Sojasauce verkneten.

2. Etwa 35 Häufchen formen und kreisförmig auf den Rand zweier Teller setzen. In zwei Arbeitsgängen bei 600 Watt jeweils 5 Minuten garen, dabei einmal wenden.

3. Kokosraspel in einer Tasse bei 600 Watt etwa 1 1/2 Minuten erhitzen. Zwischendurch einmal umrühren.

4. Blumenkohl putzen, waschen und in Röschen teilen. Mit 1/2 l Wasser in einem geschlossenen Gefäß bei 600 Watt 8–10 Minuten garen.

5. Zwiebel pellen und würfeln, in der Butter oder Margarine bei 600 Watt 3 Minuten andünsten, dabei einmal umrühren. Curry unterrühren. Blumenkohlwasser zugießen. Speisestärke in wenig Wasser einrühren, zugeben und die Sauce bei 600 Watt 2 Minuten aufkochen lassen.

6. Joghurt unterrühren, Sauce mit Salz und Zucker abschmecken.

7. Blumenkohl und Klößchen auf eine Platte legen, bei 600 Watt 3 Minuten erwärmen. Die Sauce darübergießen, 1 Minute bei 600 Watt erhitzen, dann mit Kokosraspel bestreuen.

Vorbereitungszeit: 40 Minuten
Garzeit: etwa 27 Minuten
Pro Portion etwa 41 g E, 44 g F, 22 g KH = 678 kcal (2836 kJ)

Schmorgurken mit Kapern

Für 2 Portionen:
500 g Schmorgurken
2 El Crème fraîche
1 El Senf
1 El Kapern
2 Eigelb
Salz
Pfeffer a.d. Mühle
1 kleines Bund Dill

1. Schmorgurken der Länge nach halbieren, die Kerne herauskratzen. Gurken schälen, in Würfel schneiden.

2. Gurkenwürfel geschlossen bei 600 Watt 5–6 Min. garen. Gurken mit der Schaumkelle herausnehmen.

3. Crème fraîche, Senf, Kapern, Eigelb in der Schüssel verrühren.

4. Sauce bei 600 Watt zweimal je 30 Sekunden erhitzen, zwischendurch kräftig mit dem Schneebesen verrühren. Salzen und pfeffern.

5. Dill hacken und zusammen mit den Gurkenwürfeln wieder zur Sauce geben.

Zubereitungszeit: etwa 18 Minuten
Pro Portion etwa 6 g E, 13 g F, 6 g KH = 175 kcal (732 kJ)

TIP *500 g Schmorgurken brauchen etwa 5–6 Minuten, wenn man sie gewürfelt im eigenen Saft gart. Gefüllte Schmorgurken haben eine Garzeit von 8–10 Minuten, je nach Art der Füllung.*

Kartoffeln mit Speck und Zwiebeln

Für 2–4 Portionen:
500 g Kartoffeln
2 El Crème fraîche
Pfeffer a.d. Mühle Salz
1 Paket Bacon (150 g)
2 Zwiebeln

1. Kartoffeln schälen, waschen und in dünne Scheiben schneiden. Mit der Crème fraîche mischen, pfeffern, salzen und beiseite stellen.

2. Bacon in feine Streifen schneiden und in einem offenen Gefäß bei 600 Watt 3 Minuten auslassen. Speck herausnehmen.

3. Zwiebeln pellen, halbieren und in halbe Ringe schneiden. In dem Speckfett bei 600 Watt 2 Minuten andünsten.

4. Zwiebeln unter die Kartoffeln mischen und alles in eine flache Form füllen. Mit den Speckwürfeln bestreuen und bei 600 Watt 15 Minuten offen garen.

Vorbereitungszeit: 30 Minuten
Garzeit: 20 Minuten
Pro Portion (bei 4 Portionen) etwa 6 g E, 28 g F, 17 g KH = 354 kcal (1482 kJ)

TIP *Das Garen von Kartoffeln in der Mikrowelle ist nicht ganz einfach. Pellkartoffeln zum Beispiel, die im Oktober köstlich geraten, können im März vollkommen mißlingen. Das liegt daran, daß sich die Konsistenz der Kartoffeln im Laufe des Jahres ändert. Feste, wasserhaltige Kartoffeln gelingen durchweg gut (500 g junge, gewaschene Kartoffeln mit 2 El Wasser bei 600 Watt 7–8 Minuten garen).*
Ältere, stärkehaltige Kartoffeln allerdings können beim Garen in der Mikrowelle zäh und gummiartig werden – deshalb nicht im eigenen Saft garen. Problemlos hingegen gelingen Gerichte, für die mehlige Kartoffeln in Flüssigkeit gegart werden, also Suppen, Eintöpfe und Püree.

Sellerie-Kartoffel-Püree

Für 4 Portionen:
750 g Knollensellerie
1 Tl Zitronensaft
750 g Kartoffeln
$^1/_8$ l Schlagsahne
30 g Butter oder Margarine
Salz
150 g Roquefort in Scheiben
grober schwarzer Pfeffer
Außerdem: Mikrowellen-Kochbeutel

1. Sellerie schälen, in Stücke schneiden und in Wasser mit Zitronensaft legen. Kartoffeln schälen, waschen und halbieren.

2. Sellerie und Kartoffeln in je einen Mikrowellen-Kochbeutel füllen, in jeden Beutel 2 El Wasser geben und die Beutel verschließen. Bei 600 Watt 15 Minuten garen.

3. Kartoffeln durch die Presse drücken, Sellerie pürieren. Sahne und Butter oder Margarine bei 600 Watt $1^1/_2$ Minuten erhitzen, unter Kartoffel- und Selleriepüree schlagen, salzen.

4. Masse mit dem Spritzbeutel auf vier Teller verteilen, Käsescheiben dazulegen. Das Püree mit grobem Pfeffer bestreuen.
Dazu: gemischter Salat

Zubereitungszeit: 40 Minuten
Pro Portion etwa 14 g E, 28 g F, 29 g KH = 433 kcal (1815 kJ)

TIP *Für faserhaltige Gemüse wie Sellerie ist das Garen im Kochbeutel, der speziell für die Mikrowelle entwickelt wurde, eine gute Sache: Das Gemüse gart unter Zugabe von wenig Wasser im eigenen Saft und trocknet nicht aus.*

Ratatouille

Für 6–8 Portionen:
200 g Gemüsezwiebel
3 El Olivenöl
300 g Tomaten
200 g gelbe Paprikaschote
200 g Auberginen
200 g Zucchini
2 Knoblauchzehen
1 Bund glatte Petersilie
3 Zweige Thymian
Salz
2 El Tomatenmark
1 Bund Basilikum
2–3 El Zitronensaft

1. Zwiebel pellen, kleinhakken. Mit Öl in eine flache Form geben. Zugedeckt bei 600 Watt 5 Minuten vorgaren.

2. Tomaten häuten, entkernen, kleinhacken.

3. Paprika, Auberginen, Zucchini putzen, waschen, in gleich große Streifen schneiden.

4. Knoblauch pellen, fein hacken. Petersilie und Thymian waschen, hacken.

5. Tomaten, Paprika, Auberginen, Knoblauch, Petersilie, Thymian, 1 Tl Salz und Tomatenmark zu den Zwiebeln geben, verrühren.

6. Zugedeckt 3 Minuten bei 600 Watt garen. Dann die Zucchinistreifen hinzufügen.

7. Bei 600 Watt in 7 Minuten fertiggaren.

8. Basilikum waschen, hakken, unterrühren. Gemüse mit Zitronensaft und evtl. Salz abschmecken.
Dazu: Lammkoteletts oder -keule.

Zubereitungszeit: 40 Minuten
Pro Portion (bei 8 Portionen) etwa 2 g E, 4 g F, 6 g KH = 67 kcal (281 kJ)

Spargel mit brauner Butter und Parmesan

Für 2 Portionen:
1 kg weißer Spargel
1–2 El Zitronensaft
100 g Butter
Salz
Pfeffer a.d. Mühle
75 g Parmesan (gehobelt)

1. Spargel schälen. Am besten in einem gelochten Gefäß über eine Schüssel mit 1/8 l Wasser und Zitronensaft stellen. (Sonst mit 3 El Wasser und Zitronensaft in eine Schüssel geben.) Bei 600 Watt geschlossen 12 Minuten garen.

2. Butter in einer Schüssel bei 600 Watt 3–5 Minuten leicht anbräunen lassen. Salzen und pfeffern.

3. Spargel auf einer Servierplatte anrichten, mit dem Parmesan bestreuen und mit brauner Butter übergießen, sofort servieren.

Zubereitungszeit: 30 Minuten
Pro Portion etwa 21 g E, 52 g F, 6 g KH = 589 kcal (2460 kJ)

Blumenkohl mit Speck-Tomaten-Sauce

Für 4 Portionen:
1 Blumenkohl (ca. 1 kg)
125 g durchwachsener Speck
1 Zwiebel
1 Pk. Tomatenpüree mit Stücken (500 g)
1 Tl italienische Kräutermischung
1/2 Tl Sambal oelek
Salz

1. Blumenkohl putzen, waschen und in eine Schüssel geben. Mit 1/8 l Wasser zugedeckt bei 600 Watt 17–19 Minuten garen. Flüssigkeit abgießen, Kohl warm stellen.

2. Speck würfeln. Zwiebel pellen und fein würfeln. Speckwürfel bei 600 Watt 3 Minuten erhitzen, dann die Zwiebelwürfel zugeben, 2 Minuten bei 600 Watt garen.

3. Tomatenpüree unterrühren, mit Kräutermischung, Sambal und Salz würzen, bei 600 Watt nochmals 4 Minuten erhitzen. Blumenkohl auf eine Platte setzen, mit der Sauce übergießen.

Zubereitungszeit: 35 Minuten
Pro Portion etwa 10 g E, 21 g F, 11 g KH = 287 kcal (1200 kJ)

Kohlrabi mit Kressesahne

Für 4 Portionen:
500g Kohlrabi
1 Tl Zitronensaft
100g Crème fraîche
2 Beete Kresse
1 El helles Saucenbindemittel
Pfeffer, Salz

1. Kohlrabi putzen und schälen. Erst in Scheiben, dann in Stifte schneiden. In einer Schüssel mit dem Zitronensaft mischen, 1 El Wasser zugeben.

2. Zugedeckt bei 600 Watt 5–6 Minuten garen.

3. Die Hälfte des entstandenen Suds in einen Rührbecher geben. Crème fraîche und 1 El Kohlrabi zugeben. $^2/_3$ der Kresse vom Beet schneiden, zugeben, alles pürieren.

4. Saucenbindemittel unterrühren und die Sauce bei 600 Watt 2 Minuten erhitzen. Mit Pfeffer und Salz würzen, über die Kohlrabistifte gießen, mit der restlichen Kresse garnieren. Dazu: Würstchen.

Zubereitungszeit: 20 Minuten
Pro Portion etwa 2g E, 8g F, 7g KH = 108 kcal (453 kJ)

Möhren-Hähnchen-Pfanne mit Honigsauce

Für 2 Portionen:
250g Möhren
2 Knoblauchzehen
1 El Honig
abgeriebene Schale einer Zitrone (unbehandelt)
3 El Sojasauce
Tabasco
250g Hähnchenbrustfilet
2 gestrichene Tl Speisestärke
$^1/_2$ Bund Schnittlauch

1. Möhren putzen, waschen und in Scheiben schneiden. Knoblauchzehen pellen und durch die Knoblauchpresse drücken. Knoblauch mit Honig, Zitronenschale, Sojasauce, einigen Tropfen Tabasco und 2 El Wasser verrühren. Bei 600 Watt in einem runden Gefäß 2 Minuten erhitzen.

2. Möhrenscheiben zugeben, zugedeckt bei 600 Watt 5 Minuten garen. In der Zwischenzeit das Hähnchenbrustfilet in Streifen schneiden. Zu den Möhren geben, bei 600 Watt 5 Minuten garen, dabei einmal umrühren.

3. Speisestärke in wenig Wasser anrühren, Schnittlauch in Röllchen schneiden. Möhren und Fleisch mit der Schaumkelle herausnehmen, Speisestärke in den Kochfond einrühren. Bei 600 Watt 1 Minute erhitzen, mit dem Schneebesen gut durchrühren und wieder mit Möhren und Hähnchenfleisch mischen. Mit Schnittlauch bestreuen.
Dazu paßt Reis.

Zubereitungszeit: 30 Minuten
Pro Portion etwa 16g E, 1g F, 8g KH = 108 kcal (451 kJ)

Spinat mit Käsesauce

Für 4 Portionen:
500 g Blattspinat
Salz
100 g Crème fraîche
50 g Emmentaler Käse (frisch geraspelt)
Pfeffer a.d. Mühle
Muskat (frisch gerieben)

1. Den Spinat verlesen, waschen und tropfnaß in ein Küchentuch oder festes Küchenpapier einwickeln. Im Mikrowellengerät bei 600 Watt 5 Minuten blanchieren. Aus dem Tuch direkt in eine heiße Schüssel geben und etwas salzen.

2. Die Crème fraîche mit dem Käse verrühren und im Mikrowellengerät bei 600 Watt offen 2-3 Minuten einkochen. Noch einmal gut umrühren, mit Salz, Pfeffer und Muskat würzen.

3. Die Käsesauce über den Spinat gießen oder getrennt dazu servieren.
Dazu: Lammkoteletts

Vorbereitungszeit: 30 Minuten
Garzeit: 7-8 Minuten
Pro Portion etwa 6 g E, 14 g F, 5 g KH = 175 kcal (734 kJ)

TIP *Spinat bleibt in der Mikrowelle besonders saftig und grün. Zum Blanchieren gibt man ihn in ein Tuch oder Küchenpapier, danach dünstet man ihn wie gewohnt im Fett. Tiefgekühlten Spinat taut man in einer offenen Schüssel bei 600 Watt in 7 Minuten auf.*

Provenzalische Kartoffeln

Für 4 Portionen:
1 kg kleine Kartoffeln
50 g Schmalz
2 Knoblauchzehen
1/8 l Gemüsebrühe
Provenzalische Kräutermischung Salz

1. Kartoffeln schälen, waschen, abtrocknen und dann in einer Pfanne auf dem Herd im zerlassenen Schmalz rundherum kräftig anbraten.

2. Kartoffeln in eine flache, mikrowellengeeignete Schüssel umfüllen. Knoblauch pellen und durch die Knoblauchpresse drücken. Mit Brühe, Kräutern und Salz zu den Kartoffeln geben.

3. Kartoffeln offen bei 600 Watt 12-15 Minuten garen. Dazu passen Lammkoteletts.

Vorbereitungszeit: 45 Minuten
Garzeit: 12-15 Minuten
Pro Portion etwa 4 g E, 13 g F, 31 g KH = 262 kcal (1097 kJ)

Kochen mit Mikrowelle

EIER

TIP *Bei der Zubereitung von Eierspeisen zeigt sich ein wesentlicher Unterschied zwischen dem konventionellen Kochen und dem Kochen mit Mikrowelle: Beim Kochen auf dem Herd wird das Eiweiß schneller fest als das Eigelb, in der Mikrowelle garen Eiweiß und Eigelb praktisch gleichzeitig. Das Eigelb ist deshalb oft schon hart, wenn das Eiweiß gestockt ist. Deshalb gelingen die Eierspeisen am besten, bei denen Eigelb und Eiweiß getrennt verarbeitet oder Eigelb und Eiweiß miteinander verquirlt werden.*

Käse-Omelett

Für 1 Portion:
2 Eier, 1Tl Mehl, Salz
15 g Butter oder Margarine
30 g mittelalter Gouda
1 Bund Schnittlauch

1. Die Eier trennen. Eigelb mit Mehl und Salz verrühren. Eiweiß steif schlagen und unter die Eigelb heben.

2. Die Butter oder Margarine auf einen Teller geben und in der Mikrowelle bei 600 Watt 1 Minute zerlassen. Die Omelett-Masse daraufstreichen. Bei 360 Watt in 2 Minuten stocken lassen.

3. Den Gouda raspeln und auf das Omelett streuen. 1 Minute bei 360 Watt schmelzen lassen.

4. Schnittlauch in Röllchen schneiden. Das Omelett umklappen, mit den Schnittlauchröllchen bestreuen und sofort servieren.

Vorbereitungszeit: 6 Minuten
Garzeit: 3 Minuten
Pro Portion etwa 22 g E, 33 g F, 4 g KH = 412 kcal (1725 kJ)

TIP *Wenn Sie zum Omelett knusprigen Speck essen wollen: Die Speckscheiben zwischen zwei Lagen Küchenpapier legen und bei 600 Watt 2 Minuten garen. Das Küchenpapier saugt das Fett auf, und der Speck wird kroß und knusprig.*

Tortilla

Für 2 Portionen:
150 g neue, mehlig kochende Kartoffeln
50 g Zucchini
1–2 Frühlingszwiebeln (50 g)
50 g rote Paprikaschote
Olivenöl
Salz
Pfeffer a. d. Mühle
2 Eier
2 El Schlagsahne
3 El frisch geriebener Käse
1 Prise Basilikum (getrocknet)
1 kleine rote Peperoni

1. Kartoffeln schälen, waschen, in feine Scheiben schneiden. Zucchini waschen, in Streifen schneiden. Zwiebeln und Paprika putzen, waschen, in Ringe bzw. Würfel schneiden.

2. Zwei flache Förmchen (ca. 15 cm ∅) mit etwas Olivenöl einstreichen. Kartoffelscheiben dachziegelartig einschichten. Mit Salz und Pfeffer bestreuen. Das übrige Gemüse daraufgeben und würzen.

3. Zugedeckt 4–5 Minuten bei 600 Watt dünsten. Flüssigkeit abgießen.

4. Eier mit Sahne, Käse, Salz, Pfeffer und Basilikum verschlagen und über das Gemüse gießen.

5. Offen 5–5 1/2 Minuten bei 360 Watt stocken.

6. Peperoni entkernen, waschen, in Ringe schneiden. Über die Tortilla streuen.

Zubereitungszeit: 30 Minuten
Pro Portion etwa 13 g E, 16 g F, 12 g KH = 253 kcal (1061 kJ)

TIP *Bei den pochierten Eiern sollte man auf jeden Fall eine Garprobe machen: Den Eischnee mit dem Messer von der Form lösen. Ist noch flüssiges Eiweiß auf dem Boden, ca. 1/2 Minute nachgaren.*

Pochierte Eier

Für 2 Portionen:
2 El Schlagsahne
1/2 Beet Kresse
2 Eier
Salz
Pfeffer a. d. Mühle
Muskatnuß (frisch gerieben)

1. Je ein El Sahne in ein Förmchen (ca. 8 cm ∅) geben. Kresse unterrühren.

2. Eier trennen. Eigelb auf die Sahne setzen. Mit Salz, Pfeffer und Muskat würzen.

3. Eiweiß zu lockerem Schaum schlagen und über die Eigelb geben.

4. Bei 180 Watt in 4 1/2–5 Minuten garen. Nach 2 Minuten die Förmchen umordnen.

Zubereitungszeit: 10 Minuten
Pro Portion etwa 7 g E, 9 g F, 1 g KH = 117 kcal (492 kJ)

Sahne-Rührei mit Zucchiniwürfeln

Für 4 Portionen:
300 g Zucchini
1 El kaltgepreßtes Olivenöl
Pfeffer a. d. Mühle, Salz
4 Eier (Gew.-Kl. 2)
4 El Crème fraîche
2 El Mineralwasser
20 g Butter
1 Bund Schnittlauch

1. Zucchini waschen, in feine Würfel schneiden und mit dem Olivenöl im geschlossenen Gefäß bei 600 Watt 5 Minuten garen. Pfeffern und salzen. Warm stellen.

2. Eier mit Crème fraîche, Pfeffer, Salz und Mineralwasser verschlagen.

3. Butter zerlassen (600 Watt, 1 Minute) und eine flache, runde Form damit auspinseln. Rest der Butter in das Rührei geben. Rühreimasse in die Form gießen.

4. Geschlossen bei 480 Watt 3–4 Minuten garen. Mit dem Pfannenwender etwas zusammenschieben, nochmals 1 Minute garen. Zucchiniwürfel darübergeben, mit dem in Röllchen geschnittenen Schnittlauch bestreuen.

Zubereitungszeit: 30 Minuten
Pro Portion etwa 8 g E, 18 g F, 3 g KH = 291 kcal (920 kJ)

Rühreier in Tomaten

Für 2 Portionen:
2 gleich große, feste Fleischtomaten (à 250 g)
2 Eier
Salz, Pfeffer a. d. Mühle
Muskatnuß (frisch gerieben)
1 El Flockenpüree
2 El gehackter Kerbel oder Schnittlauchröllchen
50 g mittelalter Gouda
etwas Kerbel oder Schnittlauch zum Garnieren

1. Tomaten waschen, einen flachen Deckel abschneiden und sorgfältig aushöhlen.

2. Ohne die Deckel auf zwei kleine Teller setzen.

3. Eier mit Salz, Pfeffer, Muskat, Flockenpüree und Kräutern verschlagen. In die Tomaten füllen.

4. Käse fein würfeln und in die Eimasse geben.

5. Tomaten bei 360 Watt 2 Minuten garen. Mit einem Teelöffel vom Rand beginnend durchrühren. Nochmals 1 Minute bei 360 Watt garen, durchrühren und die Deckel mit auf die Teller legen.

6. In 2–3 Minuten bei 360 Watt fertiggaren. Dabei jede 1/2 Minute durchrühren. Deckel einmal drehen.

7. Zum Servieren Kräuter auf das Ei geben und die Deckel daraufsetzen.

Zubereitungszeit: 20 Minuten
Pro Portion etwa 15 g E, 13 g F, 9 g KH, = 230 kcal (916 kJ)

TIP *Tomaten, die umkippen, mit etwas Mikrowellenfolie abstützen. Nach 2 Minuten entfernen, denn beim Garen wird der Boden flacher. Tomaten in den letzten 2–3 Minuten Garzeit beobachten, denn die Portionen werden oft unterschiedlich schnell gar. Das Ei sollte noch flüssig sein, da es nachgart.*
Bei 300 g Tomaten dauert die Garzeit 7–8 Minuten. Die Tomaten sollten dann allerdings sehr fest sein, da sie sonst am Rand aufplatzen.

studio
2000
STAINLESS

Schnee-Eier

Für 4 Portionen:
4 Eier
115 g Zucker
1 Vanilleschote
½ l Milch
20 g Mandelblättchen

1. Die Eier trennen (1 Eigelb beiseite stellen). Eiweiß mit 100 g Zucker steif schlagen. Die Vanilleschote mit einem scharfen Messer der Länge nach aufschlitzen und mit der Milch und dem restlichen Zucker in ein flaches Gefäß geben. Offen bei 600 Watt 2 Minuten erhitzen.

2. Von dem Eischnee mit zwei Eßlöffeln Klößchen abstechen, portionsweise auf die Milch setzen, bei 360 Watt 4 Minuten ziehen lassen.

3. Die Klößchen aus der Milch nehmen und auf einem Teller auskühlen lassen. Die Vanilleschote aus der Milch nehmen, 3 Eigelb unter die Milch ziehen. Das 4. Eigelb anderweitig verwenden. Bei 600 Watt 3 Minuten erhitzen, nach jeweils 1 Minute immer gut durchrühren.

4. Die Eiersauce rühren, bis sie kalt ist. In eine flache Form geben, die Eischneeklößchen hineinsetzen.

5. Die Mandelblättchen bei 600 Watt insgesamt 4 Minuten rösten, nach 2 Minuten umrühren. Über die Schnee-Eier streuen.

Vorbereitungszeit: 20–25 Minuten
Garzeit: 15 Minuten
Pro Portion etwa 12 g E, 13 g F, 36 g KH = 309 kcal (1293 kJ)

Piperade

Für 2 Portionen:
1 kleine Zwiebel
1 grüne Paprikaschote
2 El Olivenöl, 3 Eier
Salz, Pfeffer a. d. Mühle
1 El gehackte glatte Petersilie
100 g Cocktailtomaten

1. Zwiebel pellen, fein würfeln. Paprika putzen, würfeln.

2. Öl in zwei tiefe Teller geben. Zwiebel und Paprika dazugeben und offen 2 Minuten bei 600 Watt dünsten.

3. Eier mit Salz, Pfeffer und Petersilie verschlagen. Eimasse und Tomatenviertel dazugeben.

4. Offen bei 360 Watt 3 Minuten stocken. Vom Rand her zusammenschieben, weitere 3 Min. bei 360 Watt garen. Dabei jede ½ Minute durchrühren.

Zubereitungszeit: 20 Minuten
Pro Portion etwa 12 g E, 19 g F, 6 g KH = 252 kcal (1053 kJ)

Kochen mit Mikrowelle

RAGOUTS

TIP *Große ganze Fleischstücke sollte man nicht in der Mikrowelle zubereiten. Sie sind im konventionellen Herd oder im Kombinationsgerät viel besser aufgehoben. Sehr gut geeignet sind dagegen Ragouts. Sie sind in kurzer Zeit gar, zart und saftig. Für Ragouts kann man alle Fleischarten verwenden. Besonders schnell gegart sind Hähnchen, Puter und Kaninchen, aber auch Kalb- und Schweinefleisch. Bei Rindfleisch sind die Garzeiten fast genauso lang wie bei konventionell gegarten Gerichten.*

Putenragout, indisch gewürzt

Für 4 Portionen:
400 g Putenbrustfleisch oder -schnitzel
1 Tl Salz
1 El Gewürzmischung zu gleichen Teilen aus: weißem Pfeffer a. d. Mühle, Kurkuma, Kardamom, Koriander, Nelken, Zimt und Muskat
150 g Champignons oder Austernpilze
1 rosa Grapefruit
100 ml heiße Hühnerbrühe (Instant)
100 ml Schlagsahne
2–3 Eigelb

1. Putenfleisch waschen, abtrocknen, evtl. Haut und Sehnen entfernen. Fleisch in kleine Würfel schneiden.

2. Salz mit der Gewürzmischung verrühren. Fleisch damit verkneten und ca. 10 Minuten durchziehen lassen.

3. In der Zwischenzeit die Pilze putzen und in Scheiben schneiden.

4. Grapefruit wie einen Apfel schälen und die Filets zwischen den Häuten herausschneiden. Dabei den Saft auffangen.

5. Fleisch und Pilze in eine flache Form geben und zugedeckt 3 Minuten bei 600 Watt dünsten, einmal umrühren.

6. Heiße Brühe zugießen. Zugedeckt bei 600 Watt 3 Minuten weitergaren.

7. Sahne mit Eigelb verquirlen. Zuerst Grapefruitsaft, dann Sahne in das Ragout rühren und in 4–5 Minuten bei 360 Watt cremig werden lassen. Dabei ab und zu durchrühren.

8. Die Grapefruitfilets unter das Ragout rühren.

Zubereitungszeit: 35 Minuten
Pro Portion etwa 28 g E, 12 g F, 6 g KH = 259 kcal (1085 kJ)

Kasseler-Ragout mit Backpflaumen

Für 4 Portionen:
650 g Kasselernacken (mit Knochen)
2 Zwiebeln
2 El Zucker
1 Lorbeerblatt
1/2 Msp. Kardamom
Pfeffer a. d. Mühle
100 g Backpflaumen (ohne Stein)
knapp 1/4 l Weißwein
3–3 1/2 El helles Saucenbindemittel
4 El Crème fraîche
1 El Obstessig
Muskatnuß (frisch gerieben)

1. Fleisch vom Knochen lösen und in Würfel schneiden.

2. Zwiebeln pellen, fein hakken. Beide Zutaten in eine flache Form geben. Mit Zukker bestreuen. Lorbeerblatt zufügen und mit Kardamom und Pfeffer würzen.

3. Zugedeckt bei 600 Watt 6 Minuten garen.

4. Backpflaumen vierteln. Mit dem Wein zum Fleisch geben. 3 Minuten bei 600 Watt erhitzen.

5. Saucenbindemittel und Crème fraîche unterrühren und in 5 Minuten bei 600 Watt fertiggaren. Essig unterrühren und mit Muskatnuß abschmecken.

Zubereitungszeit: 25 Minuten
Pro Portion etwa 29 g E, 23 g F, 26 g KH = 460 kcal (1926 kJ)

Fasanenragout

Für 4 Portionen:
1 Fasan (ca. 800 g)
15 g Steinpilze (getrocknet)
5 g Herbsttrompeten (getr.)
50 g Zwiebeln
300 g Möhren
1 Lorbeerblatt
3–4 Wacholderbeeren
1 Tl Pfefferkörner, 1 Tl Salz
300 ml Geflügelfond (Glas)
100 ml trockener Weißwein
150 g Schalotten
60 g Butter, 40 g Mehl
1/2 Bund Thymian
Pfeffer a. d. Mühle

1. Fasanenfleisch vom Knochen lösen, in kleine Stücke schneiden. Pilze abspülen, in 1/4 l lauwarmem Wasser einweichen.

2. Zwiebel pellen, eine Möhre putzen. Beides grob zerteilen. Karkassen mit dem geschnittenen Gemüse, Lorbeer, Wacholder, Pfeffer, Salz, Geflügelfond und Wein in eine Schüssel geben. Pilzeinweichwasser durch einen Kaffeefilter sieben, zugeben. Mit ca. 1/2 l Wasser bedecken.

3. Bei 600 Watt im offenen Gefäß 15 Minuten kochen. Nach 10 Minuten abschäumen, 5 Minuten weiterkochen. Durch ein feuchtes Mulltuch gießen.

4. Schalotten pellen, restliche Möhren putzen und in Scheiben schneiden. Schalotten, Möhren und Pilze bei 600 Watt in 30 g Butter 10 Minuten dünsten.

5. Fleisch in 1/2 l Fasanenfond geben, bei 600 Watt 10 Minuten garen. Fleisch herausnehmen, beiseite stellen.

6. Restliche Butter zerlassen, Mehl einrühren. Bei 600 Watt 3 Minuten anschwitzen. Fond zugeben, 1 Minute erhitzen. Fleisch und Gemüse zugeben, mit Thymianblättchen würzen und nochmals bei 600 Watt 3 Minuten kochen lassen. Pfeffern und salzen.

Zubereitungszeit: 30 Minuten
Pro Portion etwa 42 g E, 17 g F, 16 g KH = 416 kcal (1742 kJ)

Rinderfilet mit Zwiebeln und Sojasauce

Für 4 Portionen:
350 g Rinderfilet
3 El Reiswein
6 El Sojasauce
2 El Reisstärke
Cayennepfeffer
350 g Gemüsezwiebeln
1–2 Knoblauchzehen
1 El Zucker
2 El gehackte Petersilie

1. Rinderfilet in Streifen schneiden. Mit 2 El Reiswein und 3 El Sojasauce in eine Schüssel geben.

2. Die Reisstärke darüberstreuen, mit Cayenne würzen und leicht verkneten. Etwa 10 Minuten durchziehen lassen.

3. In der Zwischenzeit Zwiebeln und Knoblauch pellen. Zwiebeln in dünne Streifen schneiden. Knoblauch zerdrücken.

4. Zwiebeln und Knoblauch in eine flache Form geben. 3 El Sojasauce hinzufügen und mit Zucker bestreuen.

5. Zugedeckt 6 Minuten bei 600 Watt dünsten.

6. Fleisch unterrühren. In 5 Minuten bei 600 Watt garen. Dabei einmal umrühren.

7. Restlichen Reiswein unterrühren. Mit Cayennepfeffer abschmecken und mit Petersilie bestreuen.

Zubereitungszeit: 30 Minuten
Pro Portion etwa 19 g E, 4 g F, 12 g KH = 190 kcal (796 kJ)

Kalbs-Paprikasch

Für 4 Portionen:
1 Gemüsezwiebel (300 g)
1 Knoblauchzehe
1 El Öl, 2 El Paprikamark
500 g Kalbsgulasch
1 rote Paprikaschote
$^1/_8$ l Fleischbrühe (Instant)
1 Becher saure Sahne (150 g)
evtl. helles Saucenbindemittel

1. Zwiebel und Knoblauch pellen und fein würfeln Mit dem Öl verrühren und in einer offenen Schüssel bei 600 Watt 2 Minuten schmoren.

2. Paprikamark zugeben und eine Minute bei 600 Watt erhitzen. Dann das Fleisch und die geputzte, in Streifen geschnittene Paprikaschote zugeben. Brühe in einer Tasse bei 600 Watt 1 Minute erhitzen, über das Fleisch gießen.

3. Topf schließen und bei 600 Watt 3 Minuten aufkochen lassen. Dann bei 360 Watt 20–25 Minuten weiterkochen lassen. Sahne einrühren, wenn nötig, mit Saucenbindemittel andicken, abschmecken.

Vorbereitungszeit 10–12 Minuten
Garzeit: etwa 28 Minuten
Pro Portion etwa 29 g E, 9 g F, 10 g KH = 230 kcal (962 kJ)

Hähnchen-Ragout mit Zitronensauce

Für 4 Portionen:
250 g Hähnchenfilet
175 ml Hühnerbrühe
1 Lorbeerblatt
1 El helles Saucenbindemittel
3 Eigelb, Saft 1/2 Zitrone
Salz, Muskatnuß
(frisch gerieben)
4 Königinpastetchen

1. Filet in feine Streifen schneiden. Brühe und Lorbeer bei 600 Watt 1 Minute erhitzen. Fleisch dazugeben, bei 600 Watt 3 Minuten erhitzen.

2. Fleisch herausnehmen, warm stellen. Brühe mit dem Saucenbindemittel 1 Minute bei 600 Watt erhitzen.

3. Eigelb mit dem Zitronensaft verquirlen, in die Brühe geben, mit Salz und Muskat abschmecken und nochmals bei 600 Watt 1–2 Minuten erhitzen, dabei einmal herausnehmen und gut umrühren. Die Sauce muß cremig gebunden sein.

4. Königinpastetchen kurz aufbacken. Das Fleisch in die Pastetchen geben und die Sauce darüber verteilen.

Vorbereitungszeit: 10 Minuten
Garzeit: 7 Minuten
Pro Portion etwa 16 g E, 5 g F, 3 g KH = 121 kcal (505 kJ)

TIP *Das Fleisch sollte man immer vorsichtig würzen und das fertige Gericht erst abschmecken, bevor man nachwürzt. Der Grund: In der Mikrowelle bleibt der Eigengeschmack der Zutaten viel stärker erhalten als beim konventionellen Kochen. Wenn man Flüssigkeit dazugießt, sollte man sie vorher in der Mikrowelle zum Kochen bringen. Das Fleisch bleibt dadurch saftiger.*

Schweinefilet-Chili

Für 2–3 Portionen:
50 g Cashew-Kerne
75 g durchwachsener Speck
1 rote Paprika (200 g)
1 Bund Frühlingszwiebeln (150 g)
2–3 Chilischoten
1 Knoblauchzehe
2 El Olivenöl
300 g Schweinefilet
250 ml heiße Gemüsebrühe
Salz
Pfeffer a. d. Mühle
Tabasco
3 El helles Saucenbindemittel
1 El Zitronensaft
2–3 El Schnittlauchröllchen

1. Nußkerne auf einem flachen Teller bei 600 Watt 5 Minuten rösten.

2. Speck fein würfeln, zufügen und in 3 Minuten bei 600 Watt kroß braten.

3. Paprika putzen, waschen, in Würfel schneiden. Zwiebeln putzen, waschen, in Ringe schneiden. Chili entkernen, waschen, in dünne Ringe schneiden. Knoblauch pellen, zerdrücken.

4. Gemüse mit Öl in eine flache Form geben. 5 Minuten zugedeckt bei 600 Watt dünsten.

5. Filet enthäuten, waschen, abtrocknen und in kleine Würfel schneiden.

6. Mit der heißen Brühe zum Gemüse geben. Bei 600 Watt 3–5 Minuten garen. Dabei einmal umrühren.

7. Mit Salz, Pfeffer, Tabasco abschmecken. Saucenbindemittel und Zitronensaft unterrühren.

8. Cashew-Kerne und Speck daraufgeben und das Chili in 3 Minuten bei 600 Watt fertiggaren.

9. Mit den Schnittlauchröllchen bestreuen.

Zubereitungszeit: 40 Minuten
Pro Portion (bei 3 Portionen) etwa 27 g E, 42 g F, 13 g KH = 568 kcal (2375 kJ)

Lamm-Curry

Für 4 Portionen:
½ Gemüsezwiebel (ca. 150 g)
1 El Öl, 1 Banane
1–2 El Curry
350 g Lammschulter (feingewürfelt)
⅛ l Weißwein, Salz
1 Becher Sahnejoghurt (150 g)
3 El Kokosraspeln

1. Die Zwiebel würfeln und in einer Schüssel mit dem Öl mischen. Offen bei 600 Watt 2 Minuten glasig werden lassen.

2. Banane schälen, längs halbieren und in dünne Scheiben schneiden, zusammen mit dem Curry, dem Lammfleisch, Wein und Salz unter die Zwiebeln rühren.

3. Topf schließen und bei 600 Watt 2–3 Minuten aufkochen lassen. Dann auf 360 Watt schalten und 15–20 Minuten weitergaren. Joghurt unterrühren und abschmecken.

4. Kokosraspeln in eine Tasse geben und bei 600 Watt 2x1 Minute rösten, zwischendurch umrühren. Zum Curry servieren. Dazu paßt Reis.

Vorbereitungszeit: 5 Minuten
Garzeit: 21–26 Minuten
Pro Portion etwa 19 g E, 23 g F, 14 g KH = 353 kcal (1477 kJ)

TIP *Viele Ragouts kann man in der Schüssel zubereiten, in der man sie anschließend serviert. Damit keine Feuchtigkeit verlorengeht, muß man sie aber abdecken. Man nimmt dafür Abdeckhauben, die es speziell für das Mikrowellengerät zu kaufen gibt oder mikrowellengeeignete Folie. Alufolie ist ungeeignet, weil sie die Wellen reflektiert und nicht in das Lebensmittel eindringen läßt.*

Rehragout mit Sauerkirschen

Für 4 Portionen:
500 g Rehfleisch (aus dem Blatt, ca. 1 kg, ohne Lauf)
1 Zwiebel
5 Pimentkörner
10 weiße Pfefferkörner
5 Wacholderbeeren
3 Nelken
¼ Tl Rosmarin (getrocknet)
2 Lorbeerblätter
125 ml Rotwein
150 g Sauerkirschen
2 El Crème fraîche
3 El dunkles Saucenbindemittel
Salz
Zucker
2 El Obstessig

1. Rehfleisch vom Knochen lösen. Haut und Sehnen entfernen. Fleisch waschen, abtrocknen, in Würfel schneiden.

2. Zwiebel pellen und fein hacken.

3. Piment, Pfeffer, Wacholderbeeren, Nelken und Rosmarin im Mörser oder mit dem Messerrücken zerdrükken.

4. Mit Zwiebel, Lorbeer und Rotwein in eine flache Form geben. Zugedeckt in 4–5 Minuten bei 600 Watt aufkochen.

5. Fleisch zufügen. Unterrühren und zugedeckt 7 Minuten bei 600 Watt dünsten.

6. In der Zwischenzeit Sauerkirschen waschen, entsteinen und halbieren.

7. Crème fraîche und Saucenbindemittel in das Ragout rühren. Mit Salz würzen.

8. Offen in 2 Minuten bei 600 Watt binden. Kirschen dazugeben und 2 Minuten bei 360 Watt miterhitzen. Mit Salz, Zucker und Essig abschmecken.

Zubereitungszeit: 40 Minuten
Pro Portion etwa 29 g E, 8 g F, 9 g KH = 254 kcal (1063 kJ)

Kochen mit Mikrowelle

GEFLÜGEL

TIP *Das zarte magere Fleisch von Geflügel ist für die Zubereitung in der Mikrowelle besonders gut geeignet. Wegen der kurzen Garzeit behält es mehr Feuchtigkeit und bleibt so saftiger. Am besten bereitet man Geflügel als Frikassee oder Risotto zu oder schmort es in Wein oder Sahne. Denn das knusprige Hendl à la Wienerwald ist in der Solo-Mikrowelle nicht möglich. Die Haut bleibt hell und lasch. In unserer Versuchsküche haben wir folgenden Trick erfolgreich ausprobiert: die Haut abziehen, in Streifen schneiden und zwischen zwei Lagen Küchenpapier in die Mikrowelle legen. Die Hautstreifen werden knusprig, man kann sie dann extra zum Fleisch servieren.*

Marinierte Hähnchenkeulen

Für 4 Portionen:
4 Hähnchenkeulen (ca. 1 kg)
6 frische Aprikosen (250 g)
2 El Sojasauce
1 El Honig
1 Tl Ingwerpulver
1/2 Tl Sambal oelek

1. Hähnchenkeulen waschen und abtrocknen. Aprikosen mit 1 El Wasser bei 600 Watt 1-2 Minuten erhitzen, abschrecken, pellen und vom Stein lösen.

2. Aprikosen zusammen mit Sojasauce, Honig, Ingwer und Sambal oelek in einem Rührbecher pürieren und die Masse bei 600 Watt 1 Minute erhitzen.

3. Hähnchenkeulen mit der Marinade einpinseln und 30 Minuten durchziehen lassen.

4. Hähnchenkeulen auf einer Platte kreisförmig anordnen und offen bei 600 Watt 18 Minuten garen.
Dazu paßt Kokosreis.

Zubereitungszeit: 60 Minuten
Pro Portion etwa 40 g E, 6 g F, 10 g KH = 268 kcal (1124 kJ)

TIP *Es ist nur dann sinvoll, Geflügelteile mit Haut in der Mikrowelle zu garen, wenn die Haut durch eine pikante Würzung einen interessanten Geschmack erhält. Enthält die Würzpaste für die Haut Honig oder Zucker, bildet sich beim Garen eine feste Schicht, die einer Kruste nicht unähnlich ist.*
Ideal aber ist die Mikrowelle für das schonende Garen von in Stücke geschnittenem Geflügelfleisch. Es wird außerordentlich zart und saftig, und die Garzeiten sind minimal: 500 g schieres, kleingeschnittenes Hähnchenfleisch gart in etwa 5 Minuten!
Ideal ist diese Art, Geflügel zu garen, auch für Diätgerichte: Auf Fett kann man ganz verzichten und beim Würzen darf man sehr zurückhaltend sein.

Puten-Porree-Röllchen auf Mango

Für 4 Portionen:
2 lange Stangen junger Porree (ca. 150 g)
1 reife Mango (ca. 200 g)
Salz
Cayennepfeffer
2 El Obstessig
4 große dünne Putenfilets (ca. 500–600 g)
Pfeffer a. d. Mühle
Currypulver

1. Porree putzen, die Stangen sollten dabei ca. 35 cm lang bleiben. Der Länge nach mit einem Schnitt bis zur Mitte aufschneiden. Die Blätter voneinander lösen, so daß „Bänder" entstehen. Waschen und locker in ein Küchentuch wickeln. Bei 360 Watt in 3 Minuten blanchieren. In Eiswasser abschrecken, abtrocknen.

2. Mango schälen, evtl. Saft auffangen. Fleisch vom Stein schneiden. Fein würfeln oder pürieren. In eine flache Form geben. Mit Salz, Cayenne, Obstessig würzen.

3. Putenfilets waschen, abtrocknen. Kräftig mit Salz, Pfeffer und Curry würzen.

4. Fleisch der Länge nach auf drei bis vier breite Porreebänder legen. Vier lange feste Bänder zum Befestigen beiseite legen. Restlichen Porree auf das Fleisch legen.

5. Fleisch und Porree fest zusammenrollen. Dabei überstehenden Porree nach innen einschlagen.

6. Die Rollen mit den zurückgelegten Porrebändern zusammenbinden. Mit dem „Knoten" nach unten auf das Mangomus legen.

7. Zugedeckt 14 Minuten bei 360 Watt garen. Nach der Hälfte der Zeit wenden. Mango abschmecken. In der Form servieren.

Dazu schmeckt Risotto.

Zubereitungszeit: 45 Minuten
Pro Portion etwa 37 g E, 2 g F, 5 g KH = 198 kcal (832 kJ)

Puten-Saltimbocca

Für 4 Portionen:
4 dünne Putenschnitzel (à ca. 80 g)
Salz
Pfeffer a. d. Mühle
1 Tl Senf
4 kleine Scheiben milder luftgetrockneter Schinken
8-12 Salbeiblättchen (je nach Größe)
6 El Marsala

1. Schnitzel waschen und mit Küchenpapier trockentupfen.

2. Das Fleisch auf beiden Seiten mit Salz und Pfeffer würzen. Eine Seite mit Senf bestreichen.

3. Eine Scheibe Schinken und ein Salbeiblatt darauflegen.

4. Schnitzel zusammenklappen. Ein bis zwei Salbeiblättchen darauflegen und mit einem Holzspießchen feststecken.

5. Fleisch in eine weite Schale legen und mit Marsala beträufeln. mit mikrowellengeeigneter Folie abdecken.

6. 2–3 Minuten bei 600 Watt, dann offen 9 Minuten bei 360 Watt garen. Zwischendurch mit Sud beträufeln.

Zubereitungszeit: 25 Minuten
Pro Portion etwa 20 g E, 4 g F, 2 g KH = 145 kcal (605 kJ)

TIP *Bei beiden Rezepten auf dieser Seite ist es wichtig, daß das Fleisch dünn geschnitten ist. Nur so sind kurze Garzeiten möglich, und das Fleisch bleibt zart und saftig. Dickere Scheiben werden durch die längere Garzeit leicht trocken und zäh.*

Hähnchenkeulen mit Chips-Kruste

Für 2 Portionen:
2 Hähnchenkeulen (ca. 350 g)
2 Eier (Gew.-Klasse 2)
Salz, Pfeffer a.d. Mühle
50 g Kartoffelchips mit Paprika (am besten geformte, z.B. Chipsletten)
1 El Semmelbrösel
2 El Mehl

1. Von den Hähnchenkeulen die Haut abziehen. Keulen waschen und trockentupfen.

2. Die Eier verquirlen und mit Salz und Pfeffer würzen.

3. Die Kartoffelchips in einen Gefrierbeutel geben und mit der Kuchenrolle fein zerdrücken. Dann mit den Semmelbröseln mischen.

4. Die Keulen erst in Mehl wenden, dann in den verquirlten Eiern, zum Schluß in der Chips-Brösel-Mischung. Auf einen Teller legen und bei 600 Watt 5 Minuten garen. Dann vorsichtig umdrehen und weitere 5 Minuten garen.

5. Vor dem Servieren unbedingt 3-5 Minuten stehenlassen, damit die Kruste wieder knusprig wird.
Dazu paßt grüner Salat mit Champignons.

Vorbereitungszeit: 10 Minuten
Garzeit: 10 Minuten
Pro Portion (ohne Salat) etwa 46 g E, 21 g F, 35 g KH = 563 kcal (2353 kJ)

Coq au vin

Für 4 Portionen:
1 Hähnchen (ca. 1300 g)
100 g Schalotten
200 g kleine Champignons
1 Knoblauchzehe
50 g fetter Speck
1/2 l trockener Rotwein
Thymian (getrocknet)
1 Lorbeerblatt
Salz, Pfeffer a.d. Mühle
3 El dunkles Saucenbindemittel

1. Das Hähnchen innen und außen waschen und mit den Knochen in kleine Teile schneiden. Dann die Haut abziehen.

2. Die Schalotten pellen, die Champignons waschen und putzen. Die Knoblauchzehe pellen und mit der Breitseite eines Messers zerdrücken.

3. Den Speck in kleine Würfel schneiden. In einer großen Schüssel mit Deckel zuerst den Speck offen bei 600 Watt 3 Minuten auslassen. Den Speck aus dem Fett nehmen und beiseite stellen.

4. Die Schalotten in das Speckfett geben und offen bei 600 Watt in 5 Minuten glasig werden lassen. Dann das zerteilte Hähnchen, Champignons, Knoblauch, Rotwein, Thymian und Lorbeerblatt dazugeben und alles mit Salz und Pfeffer würzen. Abdecken und bei 600 Watt 10 Minuten garen. Dann bei 360 Watt weitere 10 Minuten.

5. Hähnchen und Gemüse herausnehmen und in eine vorgewärmte Schüssel geben. Das Saucenbindemittel in die Sauce rühren und offen bei 600 Watt 7 Minuten einkochen lassen. Mit Salz und Pfeffer noch einmal abschmecken.

6. Die Sauce über Hähnchen und Gemüse gießen, die Speckwürfel darüberstreuen. Dazu: Baguette.

Vorbereitungszeit: 20 Minuten
Garzeit: 35 Minuten
Pro Portion etwa 54 g E, 22 g F, 17 g KH = 612 kcal (2560 kJ)

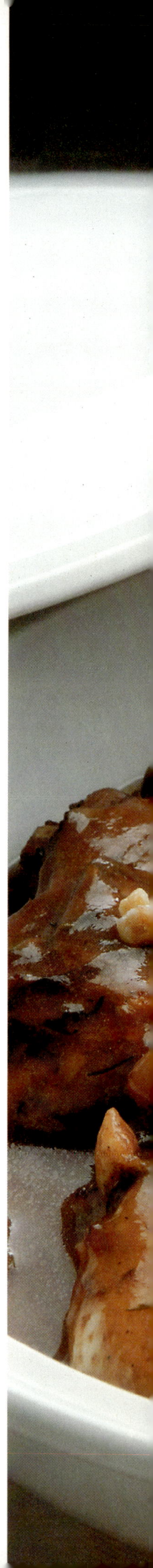

FRANCE
Chantillon
VIN DE PAYS
»SEC«
VIN DE TABLE · ROUGE
VIN DE PAYS CATALAN
MIS EN BOUTEILLE PAR
REIDEMEISTER & ULRICHS (FRANCE)

Hähnchenfilet in Paprikasauce

Für 4 Portionen:
500 g Hähnchenbrustfilet
1 Zwiebel
1 El Butter oder Margarine
1-2 El Paprikapulver (edelsüß)
1 El Paprikapulver (scharf)
1 Tl Kümmel (gemahlen)
1 Becher Schmant (250 g)
$^{1}/_{8}$ l Hühnerfond a. d. Glas
2 El helles Saucenbindemittel
Pfeffer a.d. Mühle
Salz, Zucker

1. Hähnchenfleisch in Streifen schneiden. Zwiebel pellen und würfeln.

2. Butter oder Margarine bei 600 Watt 1 Minute zerlassen. Zwiebel zugeben und nochmals 2 Minuten bei 600 Watt garen. Paprika, Kümmel und Schmant unterrühren, 3 Minuten bei 600 Watt garen.

3. Fleisch im Fond bei 600 Watt 4-5 Minuten erhitzen. Zwiebel-Paprika-Mischung und Saucenbindemittel unterrühren, nochmals 1 Minute erhitzen, mit Pfeffer, Salz und Zucker abschmecken.

Zubereitungszeit: 30 Minuten
Pro Portion etwa 3 g E, 17 g F, 7 g KH = 317 kcal (1327 kJ)

Entenfleisch-Terrine

Für 8-10 Portionen:
2 Scheiben Toastbrot
100 ml Schlagsahne
2-3 Entenbrustfilets (ca. 600 g mit Haut, ca. 350-400 g netto)
1 Zwiebel (50 g)
150 g Crème double
3 Eigelb (Gew.-Kl. 3)
2 El Portwein
1 Tl Salz
Pfeffer a. d. Mühle
$^{1}/_{4}$ Tl Kardamom (gemahlen)
$^{1}/_{4}$ Tl Anis (gemahlen)
$^{1}/_{4}$ Tl Macis (gemahlen)
etwa 12 große Spinatblätter
1 große Scheibe roher Schinken
6 große dünne Scheiben fetter Speck
3-4 El gehackte Pistazienkerne zum Garnieren

1. Toast in Sahne einweichen.

2. Haut von den Filets abtrennen. Fleisch abspülen, abtrocknen. Der Länge nach ca. 100 g Filet für die Füllung abschneiden.

3. Übriges Fleisch würfeln.

4. Zwiebel schälen, grob zerkleinern.

5. Fleisch, Zwiebel, eingeweichten Toast, Crème double und Eigelb nach und nach fein pürieren (evtl. zweimal) oder durch die feine Scheibe des Fleischwolfs geben.

6. Portwein und Gewürze unterrühren. Masse kalt stellen.

7. Für die Füllung das Filetstück längs in drei dünne Streifen schneiden. Mit Salz und Pfeffer würzen.

8. Spinatblätter abspülen, feucht in ein Küchentuch geben. Bei 360 Watt in 30 Sekunden blanchieren. In Eiswasser abschrecken, trockentupfen.

9. Je vier Spinatblätter überlappend nebeneinanderlegen. Filetstreifen darauflegen und in die Blätter einrollen. Diese drei Rollen fest in die Schinkenscheibe wickeln. Evtl. auf die Länge der Terrinenform zurechtschneiden.

10. Eine ovale Terrine (750 ml Inhalt) am Boden und an den Seiten mit Speckscheiben auskleiden.

11. Die Hälfte der kalt gestellten Masse einfüllen. An den Seiten etwas hochziehen, so daß eine längliche Mulde entsteht. Die Schinkenrolle daraufgeben.

12. Restliche Masse einfüllen, dabei an den Seiten ringsum die Füllung gut andrükken. Oberfläche glattstreichen. Mit einer Speckscheibe bedecken. Deckel auflegen.

13. Terrine bei 360 Watt in 16-18 Minuten garen. Dabei 2-3 mal um 180 Grad drehen. Die Oberfläche soll sich noch eben elastisch anfühlen.

14. Terrine in der Form 30 Minuten ruhenlassen. Speck von der Oberfläche entfernen. Terrine aus der Form lösen, auf eine Platte setzen, restlichen Speck entfernen. Terrine 4 Stunden kalt stellen. Mit den Pistazienkernen bestreuen. In Scheiben geschnitten servieren.

Als Vorspeise mit Blattsalaten, Staudensellerie und Toast servieren.

Zubereitungszeit: 60 Minuten + etwa 4$^{1}/_{2}$ Stunden Kühlzeit
Pro Portion (bei 10 Portionen) etwa 10 g E, 24 g F, 5 g KH = 293 kcal (1227 kJ)

Hähnchenkeulen mit Zwiebeln

Für 2 Portionen:
2 Hähnchenkeulen (ca. 480 g)
1 El Paprika (edelsüß)
1 Bund Frühlingszwiebeln
1-2 Knoblauchzehen
1 El Worcestershiresauce
3 El Portwein, 1 El Sojasauce
1 El Rotweinessig
Salz, Pfeffer a. d. Mühle
1 El brauner Zucker

1. Keulen häuten, entfetten, waschen, trockentupfen und mit Paprika einreiben. In eine flache Schale legen.

2. Zwiebeln putzen, waschen, in Ringe schneiden. Knoblauch pellen, zerdrükken. Mit Worcestershiresauce, Portwein, Sojasauce, Essig, Salz, Pfeffer und Zucker gut verrühren. Zwiebeln unterrühren und über die Keulen geben.

3. Zugedeckt bei 360 Watt 10–12 Minuten garen. Dabei nach 5 Minuten einmal wenden.

Zubereitungszeit: 30 Minuten
Pro Portion etwa 39 g E, 6 g F, 20 g KH = 325 kcal (1360 kJ)

Hähncheneintopf auf baskische Art

Für 4 Portionen:
250 g grüne Paprikaschoten
250 g rote Paprikaschoten
100 g Schalotten
150 g luftgetrockneter Schinken in dicken Scheiben
2 El kaltgepreßtes Olivenöl
100 ml trockener Weißwein
500 g Hähnchenbrustfilet
250 g Tomatenpüree mit Stücken
Pfeffer a.d. Mühle
Salz

1. Paprikaschoten waschen, putzen und in Streifen schneiden. Schalotten pellen und, wenn nötig, halbieren, Schinken in Streifen schneiden.

2. Schalotten in dem Öl bei 600 Watt zugedeckt 2 Minuten erhitzen. Dann die Paprikaschoten zugeben und nochmals zugedeckt 5-7 Minuten erhitzen.

3. Schinken und Wein zugeben, weitere 2 Minuten bei 600 Watt garen. Dann alles mit der Schaumkelle herausnehmen und beiseite stellen.

4. Hähnchenfleisch waschen, trockentupfen und in Streifen schneiden. In den Sud geben und bei 600 Watt 5 Minuten geschlossen garen.

5. Tomatenpüree, Gewürze und Gemüsemischung unterrühren und alles nochmals bei 600 Watt 3-5 Minuten garen, abschmecken.
Dazu passen Nudeln.

Zubereitungszeit: 40 Minuten
Pro Portion etwa 38 g E, 19 g F, 8 g KH = 396 kcal (1657 kJ)

Tip *Geflügelfleisch wird am besten, wenn man es in feinen Streifen mit wenig Flüssigkeit gart. Dann bleibt es saftig und zart wie bei keiner anderen Garmethode. Ganze Hähnchenbrustfilets gibt man gewürzt in einen Kochbeutel und gart sie im eigenen Saft (500 g bei 600 Watt ca. 5 Min.)*

Entenbrustfilet mit Gemüsestreifen

Für 2 Portionen:
125 g Möhren
125 g Porree
4 El Sojasauce
2 El Reiswein
1 Entenbrustfilet (ca. 250 g)
Salz, Pfeffer a.d. Mühle
1 Knoblauchzehe
25 g frischer Ingwer
1 Stück Schale einer unbehandelten Zitrone

1. Möhren und Porree putzen, waschen und in feine Streifen schneiden. Mit 2 El Sojasauce und Reiswein mischen und in einem geschlossenen Gefäß bei 600 Watt 3 Minuten dünsten. Zur Seite stellen.

2. Das Entenbrustfilet häuten, das Fleisch mit Salz und Pfeffer einreiben. Die Haut in Streifen schneiden und zwischen zwei Lagen Küchenpapier bei 600 Watt in 5 Minuten knusprig werden lassen.

3. Die gepellte Knoblauchzehe, den geschälten Ingwer und die Zitronenschale im Mixer zerkleinern. Mit der restlichen Sojasauce mischen und das Fleisch damit einreiben. Die knusprige Haut zur Seite stellen.

4. Das Filet auf einem Teller bei 600 Watt in 2-3 Minuten garen. In dünne Scheiben schneiden und mit der Haut und dem Gemüse servieren.

Vorbereitungszeit: 20 Minuten
Garzeit: 10-11 Minuten
Pro Portion etwa 29 g E, 22 g F, 12 g KH = 400 kcal (1673 kJ)

Lorbeerhuhn

Für 2–4 Portionen:
1 Grill-Hähnchen (ca. 1 kg)
2 El süßer Senf
1/2 Zitrone (unbehandelt)
1 Knoblauchzehe
Salz
Pfeffer a. d. Mühle
1 Handvoll Lorbeerblätter

1. Hähnchen waschen, trokkentupfen, mit Senf bestreichen.

2. Zitrone heiß abwaschen, in dünne Scheiben schneiden.

3. Knoblauch pellen, zerdrücken.

4. Hähnchen innen und außen kräftig mit Salz, Pfeffer und Knoblauch einreiben. Zitronenscheiben in die Bauchöffnung und je eine Scheibe unter Keulen und Flügel geben.

5. Hähnchen innen und außen mit Lorbeerblättern belegen. In einen Bratbeutel setzen. Locker zubinden und den Beutel mehrmals einstechen.

6. Auf einem Teller mit der Brust nach oben in die Mikrowelle stellen.

7. Bei 600 Watt 8 Minuten garen. Wenden und in 5 Minuten fertiggaren.

8. Aus dem Beutel nehmen. Sud auffangen. Zitronenscheiben und Lorbeer entfernen. Hähnchen teilen, mit dem Sud begießen. Warm oder abgekühlt servieren.

Zubereitungszeit: 40 Minuten
Pro Portion (bei 4 Portionen) etwa 38 g E, 10 g F, 1 g KH = 270 kcal (1130 kJ)

Kochen mit Mikrowelle

SAUCEN

TIP *Keine Angst vor den sogenannten schwierigen Saucen! Eine Sauce Hollandaise und eine Sauce Béarnaise gelingen in der Mikrowelle problemlos und schnell. Man kann sie deshalb erst kurz vor dem Servieren und auch gleich im Serviergeschirr zubereiten. Wichtig: Alle Saucen, die mit Mehl, Speisestärke oder Saucenbindemittel gebunden werden, muß man zwischendurch gut umrühren, damit sie glatt werden und sich keine Klümpchen binden.*

Zucchini-Sahne-Sauce mit Tomatenwürfeln

Für 4 Portionen:
2 junge Zucchini (200 g)
2 Frühlingszwiebeln
1-2 Knoblauchzehen
100 ml Schlagsahne
100 ml Fleischbrühe oder Rinderfond (Glas)
Salz
Cayennepfeffer
1 Prise Zucker
2 El helles Saucenbindemittel
2 Tomaten (ca. 100 g)
1 Bund oder 1 Topf Basilikum

1. Zucchini putzen, waschen, in dünne Streifen schneiden. 2-3 El davon abnehmen und beiseite stellen.

2. Frühlingszwiebeln putzen, waschen, in feine Ringe schneiden. Den Knoblauch pellen und durch die Presse drücken.

3. Zucchini, Zwiebeln, Knoblauch mit Sahne und Brühe oder Fond in eine Schüssel geben. Mit Salz, Cayennepfeffer und Zucker würzen.

4. Zugedeckt bei 600 Watt 3 Minuten dünsten.

5. Tomaten häuten, entkernen, in Würfel schneiden.

6. Saucenbindemittel in die Sauce rühren und in 3 Minuten bei 600 Watt binden.

7. Tomatenwürfel und restliche Zucchini zufügen, evtl. nochmals offen 30 Sekunden bei 600 Watt erhitzen.

8. Basilikum eventuell waschen, hacken, in die Sauce geben. Die Sauce noch einmal abschmecken.

Die Sauce paßt sehr gut zu Spaghetti.

Zubereitungszeit: 25 Minuten
Pro Portion etwa 2 g E, 8 g F, 5 g KH = 106 kcal (446 kJ)

Bechamel-Sauce mit Petersilie

Für 4 Portionen:
40 g Butter oder Margarine
30 g Mehl
1/2 l Milch
1/8 l Schlagsahne
1 Tl Hühnersuppen-Paste
2 Bund glatte Petersilie
Salz, Pfeffer a.d. Mühle
Muskatnuß (frisch gerieben)
1 Tl Zitronensaft

1. Butter oder Margarine in eine große Schüssel geben und bei 600 Watt in 1 Minute schmelzen. Das Mehl einrühren und bei 600 Watt 1 Minute erhitzen.

2. Milch, Sahne und Hühnersuppen-Paste dazugeben, gut verrühren und offen bei 600 Watt 4 Minuten kochen. Gut durchrühren, dann weitere 2 Minuten kochen.

3. Die Petersilie von den Stielen zupfen und hacken. Die Sauce mit Salz, Pfeffer, Muskatnuß und Zitronensaft abschmecken. Die Petersilie unterrühren.

4. Mit in Scheiben geschnittenen Pellkartoffeln mischen.

Vorbereitungszeit: 5 Minuten
Garzeit: 8 Minuten
Pro Portion (ohne Kartoffeln) etwa 6 g E, 23 g F, 14 g kH = 285 kcal (1191 kJ)

TIP *Grundlage für viele Saucen ist ein klarer Fond, der in der Mikrowelle schnell fertig ist. Für einen dunklen Fleischfond zum Beispiel werden 500 g kleingehackte Roastbeefknochen mit 1 El Zucker bestreut und offen bei 600 Watt in 7 Minuten karamelisiert. Grob zerteiltes Suppengrün, Lorbeerblatt und etwas getrockneten Thymian dazugeben, weitere 7 Minuten anrösten. 1/2 l Rotwein dazugeben, 7 Minuten einkochen lassen. Durch ein Sieb gießen, alle Röststoffe mit dem Pinsel lösen, auf die gewünschte Konsistenz einkochen lassen.*

Tomatensauce mit Hackfleisch

Für 4 Portionen:
500 g gemischtes Hackfleisch
1 Zwiebel
Salz, Pfeffer a.d. Mühle
1/2 Tl Oregano (getrocknet)
1/2 Tl Rosmarin (getrocknet)
1 Pk. passierte Tomaten (500 g)

1. Das Hackfleisch in eine Schüssel geben und offen bei 600 Watt 3 Minuten erhitzen.

2. In der Zwischenzeit die Zwiebel pellen und fein würfeln. Das Hackfleisch mit einer Gabel auseinanderzupfen. Zwiebelwürfel, Salz, Pfeffer und Kräuter untermischen. Weitere 3 Minuten bei 600 Watt garen.

3. Tomaten dazugeben, die Sauce bei 600 Watt 10 Minuten einkochen. Mit Salz und Pfeffer abschmecken. Zu Nudeln servieren.

Vorbereitungszeit: 5 Minuten
Garzeit: 16 Minuten
Pro Portion etwa 27 g E, 25 g F, 7 g KH = 360 kcal (1507 kJ)

Feine Tomatensauce, mit Sardellen abgeschmeckt

Für 2 Portionen:
400 g Tomaten (Dose, Abtropfgewicht)
1 Knoblauchzehe
1 Tl Salz
2 Lorbeerblätter
1/2 Tl Rosmarin (getrocknet)
1/4 Tl Salbei (getrocknet)
1 Bund glatte Petersilie
1-2 El Gemüsebrühe (Instant)
50 ml Weißwein
3 Sardellen
50 g eiskalte Butter
Zucker
Zitronensaft

1. Tomaten mit Flüssigkeit in eine flache Form geben.

2. Knoblauch pellen, feinhacken. Mit Salz, Lorbeer, Rosmarin, Salbei, grob gehackter Petersilie, Gemüsebrühe und Weißwein zu den Tomaten geben.

3. Zugedeckt 10 Minuten bei 600 Watt, dann offen 5 Minuten bei 600 Watt kochen.

4. Durch ein feines Sieb streichen. In eine Schüssel geben.

5. Sardellen kurz abspülen, zerpflücken, in die Sauce geben. Nochmals offen 3 Minuten bei 600 Watt kochen, zwischendurch umrühren.

6. Kalte Butter in Stückchen mit dem Schneebesen unterschlagen. Mit Zucker und Zitronensaft abschmecken.

Die Sauce paßt zu gefüllten Nudeln, gekochtem Fisch, Kalbsteak und zu Risotto.

Zubereitungszeit: 35 Minuten
Pro Portion etwa 4 g E, 22 g F, 11 g KH = 280 kcal (1172 kJ)

Pilzsauce

Für 4 Portionen:
100 g frische Shiitake-Pilze (oder 4 getrocknete)
50 g Pfifferlinge
100 g rosa Champignons
2 Frühlingszwiebeln
1 El Butter
100 ml Geflügelfond oder -Brühe
2 Lorbeerblätter
2 El Crème fraîche
2 El dunkles Saucenbindemittel
Salz
weißer Pfeffer a. d. Mühle
Paprikapulver (edelsüß)
Koriander (gemahlen)
1 El Madeira oder 2 El Orangensaft (frisch gepreßt)
2 El gehackter Dill

1. Frische Shiitake-Pilze putzen, in Scheiben schneiden. Getrocknete Pilze so vorbereiten: 2 x in warmes Wasser geben. Bei 600 Watt 8-9 Minuten kochen, bis sich das Volumen verdoppelt hat. 5 Minuten stehenlassen, abspülen und in Scheiben schneiden.

2. Pfifferlinge und Champignons putzen, evtl. waschen, trockentupfen. Große Pilze vierteln oder achteln, kleine halbieren.

3. Frühlingszwiebeln putzen, waschen, in Ringe schneiden. Auf die Butter häufen, zugedeckt 3 Minuten bei 600 Watt andünsten.

4. Pilze, Fond oder Brühe und Lorbeerblätter zufügen. Zugedeckt 5 Minuten bei 600 Watt dünsten. Zwischendurch umrühren. Lorbeer herausnehmen.

5. Crème fraîche und Saucenbindemittel unterrühren. Mit Salz, Pfeffer, Paprika und Koriander würzen.

6. In 3 Minuten bei 600 Watt binden. Madeira oder Orangensaft unterrühren. Mit Dill bestreut servieren.

Die Sauce paßt zu Kalbschnitzel oder Nudeln.

Zubereitungszeit: 35 Minuten
Pro Portion etwa 2 g E, 8 g F, 5 g KH = 101 kcal (424 kJ)

Gorgonzola-Sauce

Für 4 Portionen:
150 g Gorgonzola
100 ml Weißwein
125 g Crème double
2 Eigelb, 1 El Zitronensaft
1 El Marsala, Zucker
Pfeffer a. d. Mühle
Muskatnuß (frisch gerieben)

1. Käse entrinden, in Würfel schneiden. Mit dem Wein in eine kleine Schüssel geben.

2. Offen bei 360 Watt in 4 Minuten schmelzen. Durchs Sieb streichen.

3. Crème double mit Eigelb verrühren. Zum Käse geben.

4. Offen in 4-4 1/2 Minuten bei 360 Watt cremig werden lassen. Dabei immer wieder gut durchschlagen.

5. Zitronensaft und Marsala unterrühren. Sauce mit Zukker, Pfeffer und Muskat pikant abschmecken.

Zubereitungszeit: 20 Minuten
Pro Portion etwa 10 g E, 28 g F, 3 g KH = 334 kcal (1398 kJ)

Knoblauchsauce

Für 8 Portionen:
2 große, junge Knoblauchknollen (ca. 200 g)
je 1 Handvoll Basilikum und Sauerampfer
50 ml kaltgepreßtes Olivenöl
Salz
weißer Pfeffer a. d. Mühle
Paprikapulver (edelsüß)
oder Cayennepfeffer (gemahlen)

1. Knoblauchknollen im ganzen locker verschlossen im Bratbeutel bei 600 Watt in 5 Minuten garen. Abkühlen lassen.

2. Zehen aus den Häuten drücken, etwas zerkleinern.

3. Kräuter waschen, abtropfen, grob zerkleinern.

4. Knoblauch, Kräuter, Öl und Gewürze im Mixer zu einer Paste pürieren. Abschmecken.

Paßt zu gegrilltem oder kurzgebratenem Fleisch oder Fisch, gebackenen Kartoffeln und zu Knoblauch-Röstbrot.

Zubereitungszeit: 25-30 Minuten
Pro Portion etwa 2 g E, 5 g F, 6 g KH = 80 kcal (335 kJ)

TIP *Die Knoblauchsauce hält sich ca. 14 Tage im Kühlschrank: In ein Twist-Off-Glas geben, etwas Öl auf die Oberfläche gießen, gut verschließen.*

Polnische Sauce

Für 4 Portionen:
1 El Mandelblättchen
1 El Butter
30 g Butter
1 El Lebkuchen (zerkrümelt)
1/2 El Weizenmehl
100 ml Rotwein (trocken)
1 Lorbeerblatt
2 Gewürznelken
1 El Rosinen
2 Tl Essig
1 Tl brauner Zucker
Salz
weißer Pfeffer a. d. Mühle
2-3 El helles Bier (Export oder alkoholfreies mildes Bier)

1. Mandelblättchen auf den Eßlöffel Butter häufen, offen auf einem Teller in 7 Minuten bei 600 Watt hellbraun rösten.

2. Die restliche Butter offen in 2 Minuten bei 600 Watt schmelzen.

3. Lebkuchen und Mehl gut einrühren, dabei Lebkuchen zerdrücken. Offen in 3 Minuten bei 600 Watt andünsten, einmal gut verrühren.

4. Rotwein, Lorbeer, Nelken und Rosinen zufügen. In 2 Minuten bei 600 Watt aufkochen. Umrühren. Lorbeer und Nelken herausnehmen.

5. Mit Essig, Zucker, Salz und Pfeffer würzen. Bier unterrühren. Mit Mandelblättchen bestreut servieren.

Paßt zu gekochtem und gedünstetem Fisch, klassisch zum Silvester-Karpfen.

Zubereitungszeit: 20 Minuten
Pro Portion etwa um 1 g E, 12 g F, 8 g KH – 162 kcal (677 kJ)

Senf-Hollandaise mit Dill

(linkes Schälchen)
Für 4 Portionen:
1 Bund Dill
5 El Schlagsahne
125 g Butter, 3 Eigelb
1 Tl Zitronensaft
1 El Senf
Salz, Pfeffer a.d. Mühle

1. Den Dill von den Stielen zupfen und mit der Sahne im Mixer pürieren. Die Butter bei 600 Watt in einer Minute schmelzen, die Molke abschöpfen.

2. Eigelb mit Zitronensaft, Senf und 2 El Wasser verrühren und bei 180 Watt 2-3 Minuten erhitzen, zwischendurch mit dem Schneebesen mehrmals durchrühren. Dann die zerlassene Butter unterschlagen.

3. Dillsahne bei 600 Watt in 30 Sekunden erhitzen, unter die Hollandaise ziehen. Mit Salz und Pfeffer würzen.

Vorbereitungszeit: 6 Minuten
Garzeit: ca 5 Minuten
Pro Portion etwa 3 g E, 36 g F, 1 g KH = 341 kcal (1425 kJ)

Sauce Béarnaise

(rechtes Schälchen)
Für 4 Portionen:
1/10 l Weißwein
1 1/2 El Weißweinessig
1 Msp. Estragon (getrocknet)
Pfeffer a.d. Mühle
1 Schalotte
100 g Butter, 3 Eigelb, Salz

1. Weißwein, Essig, Estragon, Pfeffer und die feingewürfelte Schalotte in einem kleinem Becher bei 600 Watt in 5 Minuten offen einkochen. Dann durch ein feines Sieb in eine Schüssel passieren.

2. Die Butter bei 600 Watt in 1 Minute schmelzen, die Molke abschöpfen. Eigelb unter die eingekochte Wein-Essig-Mischung rühren. Entweder bei 180 Watt drei Minuten erhitzen und mehrmals umrühren oder bei 600 Watt knapp 1 Minute erhitzen und alle 20 Sekunden durchschlagen.

3. Dann mit dem Schneebesen unter ständigem Schlagen die Butter unterziehen. Mit Salz abschmecken.

Vorbereitungszeit: 8-10 Minuten
Garzeit: 8 Minuten
Pro Portion etwa 2 g E, 25 g F, 2 g KH = 254 kcal (1062 kJ)

Tip *Wer ganz fix ist, kann eine Sauce Hollandaise noch schneller zubereiten: Die Eimasse bei 600 Watt 1 Minute stocken lassen, dabei alle 20 Sekunden kräftig durchrühren, damit die Masse nicht gerinnt.*

Kochen mit Mikrowelle

DESSERTS

TIP *Viele Süßspeisen – Nachtisch oder Hauptgericht – lassen sich in der Mikrowelle viel schneller und einfacher zubereiten als auf konventionelle Weise. Da man sie oft gleich in der Servierschüssel zubereitet, spart man auch noch Geschirr. Für Kompott schneidet man die Früchte in möglichst gleich große Stücke und gart sie im eigenen Saft. Sie bleiben aromatisch und zerfallen auch nicht so schnell. Für einen Pudding aus Puddingpulver und Milch gibt man die Zutaten in ein ausreichend hohes Gefäß und kocht sie bei 600 Watt 5 Minuten. Die Milch setzt nicht am Boden an, weil die Hitze in der Milch selbst und nicht durch Kontakt des Topfbodens mit der heißen Kochstelle entsteht.*

Schokoladen-Pudding

Für 4 Portionen:
75 g Zartbitter-Schokolade
100 ml Schlagsahne
1 knapper El Zucker
1 Prise Salz
1/4 Tl Lebkuchengewürz
1 Vanilleschote
75 g Crème double
3 Eigelb (Gew.-Kl. 3)
1 El Haselnuß- oder Walnußöl

1. Schokolade mit Sahne, Zucker, Salz und Lebkuchengewürz in eine Rührschüssel geben. Vanilleschote aufschneiden, Mark herauskratzen. Mark und Schote in die Sahne geben.

2. Zugedeckt bei 600 Watt 3 - 4 Minuten erhitzen. Vanilleschote entfernen. Mit dem Handrührgerät gründlich durchschlagen, damit sich Sahne und Schokolade verbinden.

3. Crème double unterschlagen, etwas abkühlen lassen.

4. Eigelb unterschlagen.

5. Öl in vier hohe Mokkatassen (ca. 6 cm ø) oder kleine Förmchen geben, verstreichen. Masse einfüllen.

6. Die Förmchen kreisförmig in das Mikrowellengerät stellen und bei 180 Watt in 10-12 Minuten garen. Etwa 30 Minuten abkühlen lassen.

7. Pudding mit einem Messer aus der Form lösen und auf einen Dessertteller stürzen.

8. In etwa 1 Stunde im Kühlschrank kalt werden lassen.

Dazu: Vanillesauce oder frische Früchte.

Vorbereitungszeit: 25 Minuten plus 1 1/4 Stunden Kühlzeit
Pro Portion etwa 5 g E, 29 g F, 15 g KH = 354 kcal (1483 kJ)

Nuß-Pudding

Für 6 Portionen:
30 g Mehl, 1 Tl Zimt
35 g Semmelbrösel
40 g Walnüsse
40 g Haselnüsse
40 g Paranüsse
30 g Butter oder Margarine
60 g brauner Zucker
1 El Honig, 1 El Rum
abgeriebene Schale
einer Orange
2 Eier (getrennt)
50 g Pinienkerne
1 Apfel, Fett für die Förmchen

1. Mehl, Zimt und Semmelbrösel mischen, Walnüsse, Haselnüsse und Paranüsse hacken.

2. Butter oder Margarine bei 600 Watt 2 Minuten zerlassen, mit Zucker verrühren. Mehlmischung, die gehackten Nüsse, Honig, Rum, Orangenschale, Eigelb und Pinienkerne unterrühren.

3. Apfel schälen, fein raspeln und zugeben. Eiweiß steif schlagen und gründlich unter die Masse heben.

4. 6 Tassen ausfetten und die Masse hineinfüllen. Tassen kreisförmig im Mikrowellengerät aufstellen. Bei 600 Watt 6 Minuten garen, dann auf Dessertteller stürzen.

Dazu paßt Brombeersauce.

Vorbereitungszeit: 50 Minuten
Garzeit: 8 Minuten
Pro Portion etwa 8 g E, 23 g F, 25 g KH = 354 kcal (1482 kJ)

Brombeersauce

1 Paket Brombeeren
(TK, 300 g)
2 cl Brombeerlikör

Brombeeren antauen lassen, dann mit dem Pürierstab des Handrührers pürieren. Durch ein Sieb streichen und mit dem Likör verrühren. Zum Pudding servieren.

Zubereitungszeit: 5 Minuten
Pro Portion etwa 1 g E, 1 g F, 5 g KH = 31 kcal (131 kJ)

Grießbrei mit Fruchtsauce

Für 4 Portionen:
Grießbrei:
50 g Weichweizen- oder Hartweizengrieß
150 ml Milch
50 ml Schlagsahne
1 gestr. El Zucker
1 Prise Salz
3 El Orangensaft
(frisch gepreßt)
2 El Sahnequark
1 Eiweiß
Fruchtsauce:
300 g TK-Beerenmischung
(unaufgetaut)
1 El Zucker
1 Tl Orangensaft
(frisch gepreßt)

1. Grieß mit Milch, Sahne, Zucker und Salz in einer Schüssel verrühren. Zugedeckt bei 600 Watt in 3 Minuten ausquellen. Nach 1½ Minuten einmal durchrühren. Wieder durchrühren, noch etwa 2 Minuten nachquellen lassen.

2. Orangensaft und Quark unterrühren. Eiweiß steif schlagen. Unterziehen.

3. Für die Fruchtsauce 150 g Beerenmischung in einen tiefen Teller geben. Zugedeckt bei 600 Watt 3–4 Minuten dünsten.

4. Durch ein feines Sieb streichen. Mit Zucker und Orangensaft abschmecken.

5. Restliche Beeren in vier Schälchen oder eine flache Schale geben. Grießbrei darauf geben. Bis zum Servieren ca. 15 Minuten stehenlassen, damit die Beeren tauen und den Grießbrei kühlen. Sauce darübergießen.

Zubereitungszeit: 20 Minuten
(plus 15 Minuten Stehzeit)
Pro Portion etwa 6 g E, 7 g F, 21 g KH = 176 kcal (740 kJ)

Joghurtpudding mit Joghurtsauce

Für 6-8 Portionen:
30 g Butter oder Margarine
4 Eier (getrennt), 100 g Zucker
abgeriebene Schale einer Zitrone
5 Becher Sahnejoghurt (à 150 g)
80 g Mehl
1 El Öl für die Förmchen
gemahlener Kardamom
100 g Datteln
einige Kardamomkapseln

1. Butter oder Margarine bei 600 Watt in einer Rührschüssel 2 Minuten zerlassen. Eigelb, 80 g Zucker, Zitronenschale und 3 Becher Joghurt zugeben, alles gleichmäßig verrühren. Mehl unterziehen.

2. Eiweiß steif schlagen und unterheben. 6–8 Tassen (je nach Größe) ausfetten und die Masse hineingeben. Mit Mikrowellen- oder Klarsichtfolie abdecken.

3. Tassen kreisförmig in der Mikrowelle aufstellen und bei 600 Watt 8 Minuten garen, stürzen.

4. Inzwischen den restlichen Joghurt mit 20 g Zucker und gemahlenem Kardamom verrühren. Die Datteln halbieren und entsteinen. Kardamomsamen aus den Kapseln lösen und grob zerstampfen.

5. Puddings auf Teller verteilen, mit Datteln umlegen und mit Sauce begießen. Zerstampfte Kardamomkörner über die Sauce streuen.

Vorbereitungszeit: 25–30 Minuten
Garzeit: 8 Minuten
Pro Portion (bei 8 Portionen) etwa 14 g E, 17 g F, 39 g KH = 368 kcal (1542 kJ)

TIP *Zum Joghurtpudding paßt statt der Joghurtsauce auch jede Art von Fruchtkompott oder Fruchsauce.*

Zabaione

Für 4 Portionen:
7 Eigelb (von Eiern Gew.-Kl. 2)
150 g Zucker
1/8 l Marsala
1/8 l Weißwein

1. Eigelb und Zucker mit den Quirlen des Handrührers schaumig schlagen. Dann den Marsala und Weißwein dazugeben.

2. In einem offenen Gefäß bei 360 Watt in 4–5 Minuten erhitzen, zwischendurch zwei- bis dreimal herausnehmen und mit dem Schneebesen kräftig durchschlagen. Dazu: Schokoladeneis.

Vorbereitungszeit: 5 Minuten
Garzeit: 4–5 Minuten
Pro Portion etwa 6 g E, 11 g F, 38 g KH = 335 kcal (1400 kJ)

Pflaumenförmchen mit Pflaumensauce

Für 6 Portionen:
500 g Pflaumen
1/4 l Milch
2 Eier
2 Eigelb
50 g Zucker (evtl. etwas Zucker für die Sauce)
2 El Rum
Fett für die Förmchen
4 El Schlagsahne

1. Pflaumen waschen, entsteinen und vierteln.

2. Milch bei 600 Watt 3 Minuten erhitzen. Eier, Eigelb, Zucker und 1 El Rum mit dem Schneebesen gut verschlagen, dann unter Rühren die heiße Milch zugeben.

3. 6 kleine Förmchen ausfetten und die Milch hineingießen. 2/3 der Pflaumen in den Förmchen verteilen.

4. Förmchen kreisförmig im Mikrowellengerät anordnen und bei 600 Watt 9–11 Minuten garen. Gut abkühlen lassen, dann stürzen.

5. Für die Sauce die restlichen Pflaumen mit Sahne und restlichem Rum pürieren, nach Geschmack auch zuckern, dann über die Förmchen gießen.

Zubereitungszeit: 35 Minuten (plus 1 Stunde Zeit zum Kühlen)
Pro Portion etwa 5 g E, 9 g F, 20 g KH = 197 kcal (823k J)

Süße Terrine aus Eischnee und Himbeeren

Für 4–6 Portionen:
3 Eiweiß
3 El Zucker
100 g TK-Himbeeren
Öl für die Form
Kokosraspel und gehackte Pistazienkerne zum Garnieren

1. Eiweiß sehr steif schlagen.

2. Zucker eßlöffelweise dazugeben. Dabei immer wieder steif schlagen, so daß Spitzen stehen bleiben.

3. Die gefrorenen Himbeeren unterheben.

4. Eine viereckige Terrinenform (Inhalt ca. 750 ml) mit Öl ausstreichen. Die Masse einfüllen.

5. Zugedeckt zuerst 5 Minuten bei 180 Watt garen. Offen bei 90 Watt in etwa 12 Minuten fertig garen.

6. Etwa 5 Minuten stehenlassen. Vorsichtig aus der Form stürzen, dabei mit einer Hand festhalten, wieder umdrehen und auf eine Platte setzen. Ausgetretene Flüssigkeit dabei entfernen.

7. Etwa 20 Minuten abkühlen lassen. In Scheiben schneiden und mit Kokosraspel und Pistazien garnieren. Sofort servieren.

Dazu paßt Himbeersauce.

Zubereitungszeit: 30 Minuten plus 20 Minuten Kühlzeit
Pro Portion (bei 6 Portionen) etwa 2 g E, 2 g F, 9 g KH = 62 kcal (258 kJ)

TIP *Fruchtsaucen jeder Art sind schnell gemacht: Die Früchte mit wenig Flüssigkeit in der Mikrowelle garen, dann pürieren und eventuell mit Zucker und Likör würzen.*

Mohr im Hemd

Für 6 Portionen:
50 g ungeschälte Mandeln
3 Eier (Gew.-Kl. 2)
50 g Butter oder Margarine
50 g bittere Schokolade
50 g Zucker
10 g Semmelbrösel
15 g Butter oder Margarine für die Förmchen
1 El Puderzucker

Sauce:
50 g bittere Schokolade
1/8 l Schlagsahne
1/8 l starker Kaffee
2 Tl Speisestärke

Dekoration:
1/8 l Schlagsahne

1. Die Mandeln durch die Mandelmühle drehen. Die Eier trennen. Butter oder Margarine und Schokolade in einem offenen Gefäß bei 600 Watt in 1 Minute schmelzen. Dann mit den Quirlen des Handrührers Zucker, gemahlene Mandeln, Eigelb und Semmelbrösel unterrühren. Eiweiß steif schlagen und ebenfalls unterheben.

2. Die Butter oder Margarine in einem offenen Gefäß bei 600 Watt in 15 Sekunden schmelzen und sechs Tassen oder Auflaufförmchen damit ausfetten und mit Puderzukker bestäuben. Die Masse höchstens 2/3 hoch in die Förmchen füllen. Die Förmchen in das Mikrowellengerät stellen. Bei 600 Watt in 2 Minuten stocken lassen, dann bei 360 Watt in 4 Minuten fertig garen. Herausnehmen, stürzen und auf sechs Teller verteilen.

3. Für die Sauce Schokolade, Sahne und Kaffee in ein Gefäß geben und die Schokolade bei 600 Watt in 2 Minuten schmelzen. Die Speisestärke mit wenig Wasser glattrühren und unter die Sauce rühren. Noch einmal 30 Sekunden bei 600 Watt aufkochen.

4. Die Sauce noch einmal kräftig durchrühren und über den Pudding gießen. Die Sahne steif schlagen, den Mohr im Hemd damit garnieren.

Vorbereitungszeit: 15 Minuten
Garzeit: 10 Minuten
Pro Portion etwa 8 g E, 35 g F, 24 g KH = 457 kcal (1912 kJ)

Erdbeerkompott mit Mandelkaramel

Für 4 Portionen:
50 g Mandelsplitter
100 g Zucker
30 g Butter
Öl zum Bestreichen
750 g Erdbeeren
3 El Himbeergelee

1. Mandeln bei 600 Watt 3 1/2–4 Minuten bräunen, dabei zweimal umrühren. Beiseite stellen.

2. Zucker mit 3 El Wasser verrühren. Bei 600 Watt 4 1/2–5 Minuten karamelisieren, nicht rühren.

3. Butter und Mandelsplitter schnell unterrühren und die Masse auf einen geölten Teller stürzen. Erkalten lassen, dann mit dem Nudelholz zerkleinern.

4. Erdbeeren waschen, putzen und halbieren. Mit dem Gelee verrühren und bei 600 Watt 3 1/2–4 Minuten erhitzen, ab und zu umrühren.

5. Lauwarm mit dem Krokant servieren.
Dazu paßt Schlagsahne.

Zubereitungszeit: 20 Minuten
Pro Portion etwa 4 g E, 15 g F, 47 g KH = 344 kcal (1443 kJ)

TIP *Erdbeeren für Kompott oder Rote Grütze sind im Nu fertig: 500 g brauchen 3–4 Minuten. Statt des Himbeergelees (wie in unserem Rezept) kann man auch Orangengelee, Fruchtsaft oder Zucker nehmen. Unser Tip: Erdbeeren in 2 Minuten nur erhitzen und zu Eis servieren!*

Birnen-Schokoladen-Kuchen

Für 6 Portionen:
4 Birnen (ca. 800 g)
Saft einer Zitrone
70 g Butter oder Margarine
50 g Zucker, 2 Eier (getrennt)
50 g Speisestärke
$^1/_2$ Tl Backpulver
1 Tl Kakao
50 g geriebene Schokolade (zartbitter)
3 El Cognac oder Weinbrand
80 g gemahlene Mandeln
Salz
Fett für die Form
1 Tl abgeriebene Zitronenschale (von unbehandelten Früchten)
50 g Mandelsplitter

1. Birnen schälen, halbieren, Kerngehäuse herauslösen, Birnen mit Zitronensaft beträufeln.

2. 50 g Butter oder Margarine bei 600 Watt $2^1/_2$ Minuten zerlassen. Im Mixer das Fett mit Zucker, Eigelb, Speisestärke, Backpulver, Kakao, Schokolade, Cognac oder Weinbrand, den gemahlenen Mandeln und einer Prise Salz schaumig rühren.

3. Eiweiß steif schlagen und unter den Teig heben.

4. Eine Pie-Form ausfetten und den Teig hineinfüllen. Birnen darin versenken.

5. Restliche Butter oder Margarine 1 Minute bei 600 Watt zerlassen, geriebene Zitronenschale einrühren und die Birnen damit bestreichen.

6. Bei 600 Watt etwa 11 Minuten backen. Die Mandelsplitter 2 Minuten bei 600 Watt auf einem Teller goldgelb rösten und den Kuchen damit bestreuen.
Abkühlen lassen.

Zubereitungszeit: 45 Minuten
Pro Portion etwa 8 g E, 30 g F, 35 g KH = 466 kcal (1948 kJ)

Englische Creme auf Erdbeeren

Für 4–6 Portionen:
Eiswürfel zum Erkalten
400 ml Schlagsahne
50 g Zucker
5 Eigelb (Gew.-Kl. 3)
1–2 El Maraschino
750 g Erdbeeren
evtl. etwas Zucker für die Erdbeeren

1. Eiswürfel in eine große Schüssel geben. Wasser zugießen und eine kleinere Schüssel hineinsetzen.

2. Sahne in einem kleinen Krug in 3 Minuten bei 600 Watt erhitzen.

3. In der Zwischenzeit Zukker und Eigelb mit dem Handrührgerät cremig-weiß schlagen.

4. Auf kleiner Stufe weiterschlagen, dabei die Sahne dazugießen.

5. Zuerst 2 Minuten offen bei 600 Watt erhitzen. Nach 1 Minute mit dem Rührlöffel in Achterbewegung durchrühren. Dann alle 20 Sekunden durchrühren.

6. Die Leistung auf 360 Watt herunterschalten und die Creme in 3–$3^1/_2$ Minuten fertig garen. Dabei jede 10–15 Sekunden durchschlagen. Die Creme soll über den Löffelrücken fließen.

7. Sofort in die vorgekühlte Schüssel ins Wasserbad gießen und mit dem Rührlöffel durchrühren, bis die Creme etwas abgekühlt ist.

8. Mit Folie abdecken. Zum völligen Erkalten ca. 1 Stunde in den Kühlschrank stellen.

9. Die kalte Creme mit dem Likör abschmecken.

10. Erdbeeren putzen, waschen und halbieren. In Portionsgläser geben, die Creme darübergießen.

Zubereitungszeit: 30 Minuten (plus etwa 1 Stunde Kühlzeit)
Pro Portion (bei 6 Portionen) etwa 5 g E, 26 g F, 20 g KH = 344 kcal (1444 kJ)

Geschichtetes Apfelkompott

Für 4–6 Portionen:
1,5 kg Äpfel
2 El Zitronensaft
1 Stück Zitronenschale (unbehandelt)
1 Becher Schlagsahne (250 g)
4 El Haferflocken
2 El Zucker
2 El Kokosraspel
2 El Butter

1. Äpfel schälen, vierteln, entkernen und in Spalten schneiden. Mit Zitronensaft und Zitronenschale mischen und geschlossen bei 600 Watt 10–13 Minuten dünsten. (Die Garzeit variiert je nach Apfelsorte!). Kühl stellen.

2. Schlagsahne steif schlagen, kühl stellen. Haferflocken mit Zucker mischen und offen bei 600 Watt 2 Minuten rösten, kräftig verrühren.

3. Kokosraspel und Butter unter die Haferflocken rühren, 1 Minute bei 600 Watt erhitzen, kräftig verrühren, nochmals 1–2 Minuten bei 600 Watt erhitzen. Haferflokkenmischung abkühlen lassen.

4. Die Hälfte des erkalteten Apfelkompotts in eine Glasschüssel füllen, die Hälfte der Schlagsahne und die Hälfte der Haferflockenmischung darauf verteilen. Darauf wieder Apfelkompott geben, dabei einige Apfelspalten zum Dekorieren zurückbehalten. Restliche Sahne und restliche Haferflockenmischung darübergeben, mit Apfelspalten garnieren.

Zubereitungszeit: 30 Minuten (plus 1 Stunde Zeit zum Abkühlen)
Pro Portion (bei 6 Portionen) etwa 3 g E, 20 g F, 38 g KH = 350 kcal (1460 kJ)

Crème caramel

Für 4 Portionen:
Karamel:
4 El Zucker
Crème:
2 Eigelb (Gew.-Kl. 3)
1 Ei (Gew.-Kl. 3), 3 El Zucker
250 ml Schlagsahne

1. Je 1 El Zucker und 1 El Wasser in vier kleine Auflaufförmchen (6 cm ø) füllen, verrühren.

2. Bei 600 Watt offen in 7–9 Minuten hellbraun werden lassen. Nach 5 Minuten beobachten, damit der Karamel nicht zu dunkel wird. Evtl. ein Förmchen früher herausnehmen und die restlichen nachbräunen.

3. Die Förmchen drehen, damit die Wände mit Karamel überzogen werden.

4. Eigelb, Ei und Zucker mit dem Handrührgerät schaumig schlagen. Die Sahne unterschlagen.

5. Gleichmäßig in die Förmchen füllen. Glasblech auf die mittlere Schiene schieben und die Förmchen kreisförmig daraufsetzen. Mit Mikrowellenfolie bedecken.

6. Bei 180 Watt in 10–12 Minuten stocken. Die letzten 1–2 Minuten dabei offen garen. Crème soll fest, aber noch elastisch sein.

7. Etwa 30 Minuten abkühlen lassen, dann den Rand mit einem Messer lösen und die Crème auf Teller stürzen.

8. Etwa 1 Stunde in den Kühlschrank stellen.

Zubereitungszeit: 25 Minuten (plus 1½ Stunden Kühlzeit)
Pro Portion etwa 5 g E, 24 g F, 28 g KH = 361 kcal (1513 kJ)

TIP *Ideal für die Zubereitung von Kompott in der Mikrowelle sind Äpfel, Birnen, Pfirsiche und Aprikosen. Je nach Reifegrad können die Garzeiten allerdings unterschiedlich sein. Als Faustregel gilt: Je reifer die Frucht, desto kürzer die Garzeit.*

Birnen-Schichtspeise

Für 4 Portionen:
1,5 kg Birnen
2 El Zitronensaft
4 El Zucker
abgeriebene Schale von ¹/₂ unbehandelten Zitrone
1 El Zitronengelee
3 El Butter oder Margarine
4 El Semmelbrösel
1 Becher Schlagsahne (250 g)
¹/₂ Glas Preiselbeerkonfitüre (185 g)

1. Die Birnen vierteln, schälen und das Kerngehäuse herausschneiden. Die Birnen in Scheiben schneiden und sofort mit dem Zitronensaft mischen. 2 El Zucker, Zitronenschale und Zitronengelee dazugeben.

2. In einem geschlossenen Gefäß bei 600 Watt 7 Minuten garen. Das Birnenkompott abkühlen lassen.

3. In einer kleinen Schüssel die Butter oder Margarine bei 600 Watt in 1 Minute zerlassen. Semmelbrösel und restlichen Zucker dazugeben und bei 600 Watt 2–3 Minuten rösten, dabei zwischendurch einmal gut umrühren. Die gerösteten Brösel abkühlen lassen. Die Sahne steif schlagen.

4. In einer Schüssel oder in vier Portionsschälchen abwechselnd das abgetropfte Birnenkompott, geröstete Brösel, Preiselbeerkonfitüre und Sahne einschichten. Die letzte Schicht sollte Sahne sein. Mit Preiselbeerkonfitüre garnieren.

Vorbereitungszeit: 40 Minuten
Garzeit: 10–11 Minuten
Pro Portion etwa 5 g E, 27 g F, 92 g KH = 647 kcal (2715 kJ)

Fruchtsalat mit Kokos-Joghurt

Für 4 Portionen:
50 g Kokosraspeln
20 g Zucker
2 Becher Sahnejoghurt (à 150 g)
2 Äpfel
5 El Limettensaft
2 Birnen
¹/₂ Ananas
1 Mango

1. Kokosraspeln und Zucker in einer Schüssel mischen. Bei 600 Watt 2–3 Minuten anrösten, dann mit dem Joghurt verrühren und kalt stellen.

2. Äpfel schälen, vierteln, Kerngehäuse herausschneiden, Äpfel in Spalten schneiden und mit 2 El Limettensaft beträufeln. Geschlossen bei 600 Watt 2 Minuten dünsten, kalt stellen.

3. Birnen schälen, vierteln, Kerngehäuse herauslösen, Birnen in Spalten schneiden, mit 2 El Limettensaft beträufeln und bei 600 Watt geschlossen 2 Minuten garen. Kalt stellen.

4. Ananas in Spalten schneiden, Strunk ablösen, Fruchtfleisch von der Schale lösen und in Stücke schneiden. Zugedeckt bei 600 Watt 3 Minuten garen, kalt stellen.

5. Kurz vor dem Servieren Äpfel, Birnen und Ananas auf einer Platte anrichten. Mango schälen, Fruchtfleisch in Spalten vom Kern lösen, mit 1 El Limettensaft beträufeln und dazulegen. Mit dem Kokos-Joghurt servieren.

Vorbereitungszeit: 40 Minuten
Garzeit: 7 Minuten
Pro Portion etwa 9 g E, 13 g F, 52 g KH = 364 kcal (1526 kJ)

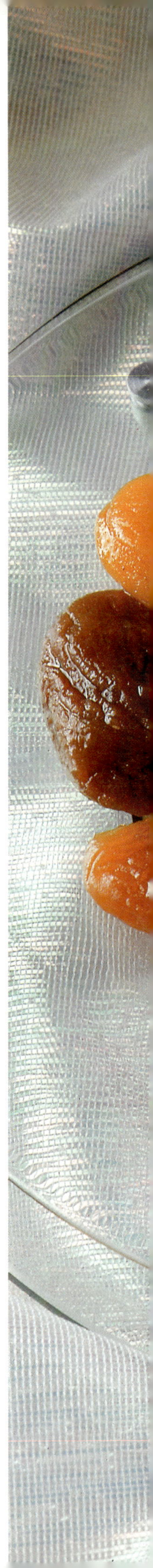

Früchtekuchen

Für ca. 22 Stücke:
250 g Butter oder Margarine
200 g Zucker
3 Eier (getrennt)
Salz
125 g Mehl
125 g gemahlene Haselnüsse
100 g Orangeat
100 g Zitronat
100 g Sultaninen
100 g Korinthen
gemahlene Nelken
Zimt
Fett für die Form
1 Paket Schokoladenguß (dunkel)

1. Butter oder Margarine mit Zucker und Eigelb und 1 Prise Salz cremig rühren, dann erst Mehl und gemahlene Haselnüsse, dann Orangeat, Zitronat, Sultaninen und Korinthen und Gewürze untermischen.

2. Eiweiß steif schlagen. Nach und nach unter den Teig heben.

3. Eine Kastenform aus Kunststoff (25 cm) ausfetten und den Teig hineinfüllen. Offen bei 360 Watt 17-18 Minuten garen, dabei nach der Hälfte der Garzeit die Form einmal drehen.

4. In der Form erkalten lassen. Mit einem spitzen Messer den Rand lösen und den Kuchen stürzen. Im Wasserbad den Schokoladenguß erhitzen und über den Kuchen gießen, erstarren lassen.

Zubereitungszeit: 30 Minuten
Pro Stück etwa 3 g E, 16 g F, 28 g KH = 272 kcal (1143 kJ)

Lauwarmes Kompott von Trockenfrüchten

Für 4–6 Portionen:
150 g Zucker
3 El Zitronensaft
2 El Rum, Zimt
12 Trockenpflaumen
6 getrocknete Feigen
12 Trockenaprikosen
4 Apfelringe, 25 g Rosinen
1 Becher Schlagsahne

1. 1/4 l Wasser mit Zucker, 2 El Zitronensaft, Rum und einer Messerspitze Zimt mischen.

2. Alle Früchte waschen und in der Flüssigkeit bei 600 Watt 13–14 Minuten garen.

3. Früchte herausnehmen. Kochflüssigkeit bei 600 Watt offen 5 Minuten einkochen.

4. Zitronensaft zugeben und über die Früchte gießen.

5. Schlagsahne steifschlagen und zum Kompott servieren.

Zubereitungszeit: 25 Minuten
Pro Portion (bei 6 Portionen) etwa 2 g E, 11 g F, 42 KH = 285 kcal (1191 kJ)

Kochen mit Mikrowelle

GETRÄNKE

TIP *Wer an einem Herbst- oder Winterabend einen Grog, Punsch, Glühwein oder eine heiße Schokolade trinken möchte, kann sich diese Getränke in der Mikrowelle blitzschnell zubereiten. Eine Portion (200 ml) ist in 2 bis 2 1/2 Minuten fertig. Getränke auf Milchbasis lassen sich in der Mikrowelle besonders problemlos erhitzen, weil die Milch nicht ansetzt. Getränke auf Alkoholbasis sollte man nicht überhitzen, sonst verflüchtigt sich der Alkohol.*
Lieber erst eine kurze Zeit einstellen und noch ein paar Sekunden dazugeben, wenn das Getränk noch nicht heiß genug ist.

Schokolade mit Sahnehaube

Für 1 Portion:
2 El Schlagsahne
2 Tl Schokoladen-Instantpulver
(z. B. Nesquick)
50 g Mokkaschokolade
1/4 l Milch

Die Sahne steif schlagen und das Schokoladen-Instantpulver unterziehen. Die Schokolade in einem Becher bei 600 Watt in 2 Minuten schmelzen. Die Milch darübergießen, mit der geschmolzenen Schokolade gut verrühren und noch einmal erhitzen. Noch einmal gut verrühren. In ein Glas oder eine Tasse füllen, die Sahne als Haube daraufsetzen.

Zubereitungszeit: 6 Minuten
Etwa 16 g E, 45 g F, 43 g KH = 671 kcal (2807 kJ)

Heiße Mandelmilch

Für 1-2 Portionen:
30 g Mandeln (gehäutet)
1 El Zucker
1/4 l Milch
evtl. 1 cl Amaretto (ital. Likör)

Die Mandeln fein hacken und mit dem Zucker in einen Becher geben. Bei 600 Watt 3-4 Minuten rösten. Dann die Milch dazugeben und bei 600 Watt 2 Minuten erhitzen. Die Mandelmilch durch ein Sieb in ein bis zwei Gläser umfüllen. Mit Amaretto abschmekken oder den Amaretto extra dazu reichen.

Zubereitungszeit: ca. 10 Minuten
Pro Portion (bei 1 Portion) etwa 14 g E, 25 g F, 39 g KH = 477 kcal (1996 kJ)

Irish coffee

Für 1 Portion:
2 cl irischer Whiskey
1 gehäufter El brauner Zucker
1/8 l heißer Kaffee
2 El halbsteif geschlagene Sahne

Den Whiskey mit dem Zukker in ein Irish-coffee-Glas geben und bei 600 Watt in 1 Minute erhitzen. Den Zucker mit dem Whiskey verrühren. Mit dem heißen Kaffee auffüllen, die halbsteif geschlagene Sahne über den Rücken eines Eßlöffels in den Irish coffee laufen lassen.

Zubereitungszeit: 2 Minuten
Etwa 2 g E, 16 g F, 24 g KH = 290 kcal (1212 kJ)

TIP *Man kann den Irish coffee auch mit kaltem Kaffee zubereiten. Dann gießt man den Kaffee in das Glas und stellt es bei 600 Watt noch einmal für 30 Sekunden in das Mikrowellengerät.*

Eier-Grog

Für 1 Portion:
2 Eigelb
3 El Puderzucker
2 cl brauner Rum

Eigelb und Puderzucker mit den Quirlen des Handrührers rühren, bis sich der Zucker vollständig aufgelöst hat. Rum und 2 cl Wasser in einem Becher bei 600 Watt 45 Sekunden erhitzen, dann unter ständigem Schlagen zur Eimasse geben. In ein Glas füllen und sofort servieren.

Zubereitungszeit: 6 Minuten
Etwa 6 g E, 12 g F, 54 g KH = 430 kcal (1797 kJ)

Orangen-Punsch

Für 1 Portion:
2 cl brauner Rum
2 cl Cointreau
6 cl Orangensaft
6 cl kalter schwarzer Tee
1 Gewürznelke
1 Zitronenscheibe

Rum, Cointreau, Orangensaft und Tee in einem Glas mischen. Die Gewürznelke dazugeben und alles bei 600 Watt in 1 Minute erhitzen. Die Zitronenscheibe bis zur Mitte einschneiden und auf den Glasrand stecken.

Zubereitungszeit: 2 Minuten
Etwa 0 g E, 0 g F, 7 g KH = 155 kcal (648 kJ)

Rotwein-Preiselbeer-Punsch

Für 1 Portion:
2 cl Preiselbeersaft (Reformhaus)
1/8 l kräftiger Rotwein
1 El Zucker
1 Stückchen Schale einer unbehandelten Zitrone
1 Zimtstange

Preiselbeersaft, Rotwein und Zucker in einem Glas mischen. Die Zitronenschale und Zimtstange dazugeben und alles bei 600 Watt in 1 Minute erhitzen. Zimtstange herausnehmen.

Zubereitungszeit: 2 Minuten
Etwa 0 g E, 0 g F, 22 g KH = 170 kcal (711 kJ)

Cidre-Punsch

Für 1 Portion:
2 cl Calvados
1/8 l trockener Cidre
1 Stückchen Schale einer unbehandelten Zitrone
1 Zimtstange

Calvados und Cidre in einem Glas mischen. Die Zitronenschale und Zimtstange dazugeben und alles bei 600 Watt in 1 Minute erhitzen. Mit der Zimtstange servieren.

Zubereitungszeit: 90 Sekunden
Etwa 0 g E, 0 g F, 9 g KH = 100 kcal (418 kJ)

Kochen mit Mikrowelle

EINMACHEN

TIP *Kleinere Mengen von Obst – das sind je nach Größe zwei bis vier Gläser – kann man in der Mikrowelle sehr gut zu Kompott, Konfitüre oder Chutney verarbeiten. Das geht schnell, und der Eigengeschmack bleibt erhalten. Beim Kochen von Konfitüre rechnet man wie gewohnt 500 g Gelierzucker auf 500 g Obst. Je nach Sorte braucht man für eine Konfitüre aus 500 bis 700 g Früchten 7 bis 15 Minuten. Auch hier gilt die Faustregel: einfache Menge, einfache Zeit – doppelte Menge, doppelte Zeit.*

Würz-Birnen

Für 2 Gläser à 500 ml:
4 reife, feste Birnen (ca. 600 g)
Schale 1/2 Orange (unbehandelt)
2 Zimtstangen
8 Nelken
2 Sternanis
1 Tl Pimentkörner
1 Tl weiße Pfefferkörner
6 El Gelierzucker
300 ml Rotwein
100 ml Obstessig

1. Birnen schälen, halbieren, Kerngehäuse herausschneiden (geht gleichmäßig mit einem Kugelausstecher). Stiele und Blütenansätze entfernen.

2. Die dünn abgeschälte Orangenschale in zwei 500-ml-Gläser geben. Je vier Birnenhälften dazugeben.

3. Zimtstangen halbieren, mit Nelken, Sternanis, Piment und Pfeffer in die Gläser verteilen, Zucker darüberstreuen.

4. Rotwein mit Obstessig mischen und die Birnen damit bedecken. Die Flüssigkeit nicht zu hoch einfüllen.

5. Angefeuchtete Gummiringe auf die Deckel legen und die Gläser verschließen. Mit Tesafilmstreifen befestigen.

6. Bei 600 Watt in 5–6 Minuten aufkochen. Noch 2 Minuten kochen, dann herausnehmen und Tesafilm durch Metallklammern ersetzen.

Zubereitungszeit: 30 Minuten
Pro Glas etwa 2 g E, 1 g F, 74 g KH = 403 kcal (1678 kJ)

Mango-Chutney

Für etwa 3 Gläser à 125 ml:
400 g Mangofleisch aus
2 großen, reifen Mangos
(à 500 g)
2–3 Knoblauchzehen
10 g Ingwerwurzel
50 g Fruchtzucker
50 ml Essig
50 ml Apfelsaft
50 g Korinthen
je 1 Messerspitze Koriander,
Kardamom, Kurkuma,
Nelken, Cayennepfeffer
oder Rosenpaprika
Salz

1. Mangos schälen, Fleisch vom Stein schneiden und klein würfeln, Knoblauch und Ingwer schälen und fein hacken.

2. Mango, Knoblauch und Ingwer mit den übrigen Zutaten in einer flachen Schüssel verrühren.

3. Bei 600 Watt zugedeckt 5 Minuten garen. Das Mangofleisch leicht zermusen. Offen bei 600 Watt 15 Minuten weitergaren. Durchrühren.

4. In kleine Gläser füllen (100 oder 125 ml Inhalt). Mit Einmachhaut und Gummiringen oder Twist-off-Deckeln verschließen.

5. Im Kühlschrank aufbewahren. Hält sich etwa 6 Wochen.

Zubereitungszeit: 45 Minuten
Pro Glas (bei 125 ml) etwa 1 g E, 0 g F, 39 g KH = 167 kcal (699 kJ)

Gekochtes Mett mit grünem Pfeffer

Für 6 Gläser à 100 ml:
100 g Zwiebeln
50 g fetter Speck
500 g Thüringer Mett
2 Tl eingelegter
grüner Pfeffer
Salz
1 Msp. Kümmel oder
Kardamom (gemahlen)
1 Tl Estragon (getrocknet)

1. Die Zwiebeln pellen und sehr fein hacken.

2. Speck in feine Würfel schneiden. Mit Mett, den Gewürzen und dem Estragon verkneten und abschmecken.

3. Mit nassen Händen gleich große längliche Klößchen formen und in die vorbereiteten Einkochgläser (6 Gläser à 100 ml) füllen.

4. Die angefeuchteten Ringe auf die Deckel legen. Die Gläser verschließen und mit Tesafilm befestigen.

5. In 5–6 Minuten bei 600 Watt aufkochen. Das Mett soll im Glas ca. 1 Minute kochen.

6. Gläser herausnehmen und Tesafilm durch Metallklammern ersetzen.

Zubereitungszeit: 30 Minuten
Pro Glas etwa 12 g E, 38 g F, 1 g KH = 416 kcal (1743 kJ)

TIP *Auch in der Mikrowelle müssen die Gläser gut verschlossen werden. Metallklammern sind nicht zu empfehlen, weil sie in der Mikrowelle zu Funkenschlag führen. Besser: Die Gläser mit Tesafilmstreifen oder Kunststoffklammern (sie wurden speziell für den Mikrowellenbetrieb entwickelt) verschließen.*

Zwiebel-Konfitüre

Für 6 Portionen:
500 g Zwiebeln
100 g Butter oder Margarine
75 g Puderzucker
10 cl Sherry-Essig
2 cl Grenadinesirup
15 cl Rotwein
Salz, Pfeffer a. d. Mühle

1. Zwiebeln pellen und in feine Streifen schneiden. Butter oder Margarine in einem Gefäß bei 600 Watt in 2 Minuten zerlassen, die Zwiebeln und den Zucker unterrühren und bei 600 Watt in 3 Minuten glasig werden lassen.

2. Essig, Grenadine, Rotwein, Salz und Pfeffer dazugeben. Offen bei 600 Watt 3 Minuten aufkochen, dann bei 360 Watt in 25 Minuten einkochen. Als Beilage zu kurzgebratenem Fleisch servieren. Man kann die Zwiebel-Konfitüre auch in Gläser mit Twist-off-Deckel füllen. Sie hält sich mehrere Wochen.

Vorbereitungszeit: 25 Minuten
Garzeit: 25 Minuten
Pro Portion etwa 2 g E, 14 g F, 30 g KH = 271 kcal (1134 kJ)

Aprikosen-Salbei-Chutney

Für 4 Gläser à 125 ml:
600 g reife Aprikosen
100 g Zwiebeln
2 Knoblauchzehen
4 El gehackte Salbeiblättchen
50 g brauner Zucker
50 ml Sherry medium
2 El Zitronensaft
Salz
weißer Pfeffer a. d. Mühle
Paprikapulver (edelsüß)
1 Msp. Anis (gemahlen)

1. Aprikosen waschen, abtrocknen. Entsteinen und in feine Scheiben schneiden.

2. Zwiebeln und Knoblauch pellen und fein hacken.

3. Aprikosen, Zwiebeln und Knoblauch mit den übrigen Zutaten in einer flachen Schüssel vermengen.

4. Zugedeckt 5 Minuten bei 600 Watt garen. Evtl. etwas zermusen, offen 13 Minuten bei 600 Watt weitergaren. Pikant abschmecken.

5. In kleine Gläser füllen (100 oder 125 ml Inhalt). Mit Einmachhaut und Gummiring oder Twist-off-Deckel verschließen.

6. Im Kühlschrank aufbewahren. Das Chutney hält sich etwa 6 Wochen.

Zubereitungszeit: 40 Minuten
Pro Glas (125 ml) etwa 2 g E, 0 g F, 30 g KH = 139 kcal (582 kJ)

TIP *Die Einmachgläser kann man in der Mikrowelle sterilisieren: Jedes Glas zur Hälfte mit Wasser füllen und bei voller Leistung 3 Minuten kochen lassen. Dann das Wasser ausgießen und die Gläser umgedreht auf ein sauberes Küchentuch setzen.*

Rhabarber-Kompott

Für 4 Gläser à 250 ml:
500 g Rhabarber (ohne Blätter)
80 g Gelierzucker (4 gehäufte El)
4 El Maraschino oder Himbeerlikör (Crème de Framboise)
1 El Zitronensaft

1. Rhabarber putzen, waschen, in kleine Stücke schneiden.

2. Gleichmäßig in 4 Gläser à 250 ml verteilen.

3. Gelierzucker, Maraschino oder Himbeerlikör und Zitronensaft zufügen. In jedes Glas etwa 100 ml heißes Wasser gießen.

4. Glasrand feucht abwischen. Angefeuchtete Gummiringe auf die Deckel legen und die Gläser verschließen. Mit Tesafilm oder Spezialklammern verschließen.

5. Bei 600 Watt in 7–8 Minuten gut aufkochen. Herausnehmen und Tesafilm durch Metallklammern ersetzen.

Zubereitungszeit: 25 Minuten
Pro Glas etwa 1 g E, 1 g F, 25 g KH = 108 kcal (452 kJ)

TIP *Auch in der Mikrowelle soll man beim Kochen von Konfitüren und Marmelade die Gelierprobe machen: 1 El auf einen kleinen Teller geben und abkühlen lassen. Falls die Konfitüre oder Marmelade nicht geliert, noch 1–2 Minuten weiterkochen.*

Zwetschgenkonfitüre

Für 4 Gläser à 125 ml:
500 g Zwetschgenfleisch, geviertelt (aus ca. 600 g Zwetschgen)
250 g Gelierzucker Extra (2:1)
1/4 Tl Nelken (gemahlen)
1 Msp. Muskatnuß (frisch gerieben)
1 Msp. Kardamom (gemahlen)
1 kleiner Zweig Rosmarin oder 1 Msp. Anis (gemahlen)

1. Zwetschgen, Zucker und Gewürze in einer flachen, weiten Form verrühren, 10 Minuten durchziehen lassen.

2. Durchrühren und zugedeckt in 7 Minuten bei 600 Watt zum Kochen bringen.

3. Offen bei 600 Watt 5 Minuten weiterkochen, ab und zu umrühren. Gelierprobe machen. Rosmarin entfernen.

4. In kleine Gläser füllen (125 ml oder 100 ml) und mit Einmachhaut und Gummiring oder Twist-off-Deckel verschließen.

Zubereitungszeit: 30 Minuten
Pro Glas (125 ml) etwa 1 g E, 0 g F, 77 g KH = 314 kcal (1314 kJ)

Erdbeer-Himbeer-Konfitüre

Für 3 Gläser à 350 g:
500 g Erdbeeren
750 g Gelierzucker
250 g Himbeeren
2 cl Himbeergeist

1. Die Gläser zur Hälfte mit Wasser füllen und bei 600 Watt 9 Minuten kochen lassen. Das Wasser abgießen, die Gläser umgedreht auf ein sauberes Küchentuch stellen.

2. Die Erdbeeren waschen, putzen, halbieren und mit dem Zucker in eine Schüssel geben. Zugedeckt bei 600 Watt 10 Minuten garen. Zwischendurch umrühren.

3. Die Himbeeren verlesen, zu den Erdbeeren geben und bei 600 Watt 2 Minuten aufkochen. Den Himbeergeist unterrühren.

4. Die Konfitüre in die vorbereiteten Gläser füllen und verschließen.

Vorbereitungszeit: 20 Minuten
Kochzeit: 12 Minuten
Pro Glas etwa 3 g E, 1 g F, 19 g KH = 110 kcal (460 kJ)

Rillette

Für 5 Gläser à 100 g:
500 g Schweinenacken (gut durchwachsen, ohne Knochen)
100 g fetter Speck
1 kleine Zwiebel
1 Knoblauchzehe
1 Tl Pimentkörner
1 El weiße Pfefferkörner
6 Lorbeerblätter
1 Bund gemischte Kräuter (Thymian, Estragon, glatte Petersilie, Rosmarin)
Salz
Dekoration:
5 kleine Lorbeerblätter
Pfefferkörner

1. Fleisch waschen. In große Würfel schneiden. Speck kleinschneiden.

2. Fleisch in eine Schüssel geben. Zwiebel, Knoblauch pellen, zerkleinern, dazugeben. Gewürze im Mullsäckchen und gehackte Kräuter zufügen. Mit ca. 1 l Wasser bedecken.

3. Zugedeckt bei 360 Watt 30 Minuten leicht aufkochen. Bei 180 Watt 45 Minuten weiter simmern. Offen bei 180 Watt in 20 Minuten fertiggaren. (Das Fleisch soll während der Garzeit immer knapp unter dem Kochpunkt gehalten werden.)

4. Mit einer Schaumkelle aus der Brühe nehmen. Etwas abkühlen lassen, dann mit zwei Gabeln zerpflücken. Speck zerdrücken, zum Fleisch geben. Etwa 125 ml Brühe (möglichst fett) abmessen, unterrühren.

5. In 5 Gläser (à 100 ml) füllen. Lorbeerblätter und Pfefferkörner darauflegen.

6. Angefeuchtete Gummiringe auf die Deckel legen. Die Gläser verschließen, mit Tesafilm befestigen. Bei 600 Watt 3–4 Minuten aufkochen. Herausnehmen und Tesafilm durch Metallklammern ersetzen.

Zubereitungszeit: 2 1/2 Stunden
Pro Glas etwa 19 g E, 33 g F, 1 g KH = 403 kcal (1687 kJ)

Kirschkompott mit Rum

Für 2 Gläser à 500 g:
750 g Kirschen
2 Zimtstangen
4 ganze Nelken
2 Stückchen Schale einer unbehandelten Zitrone
100 g Zucker, 1/8 l weißer Rum

1. Die Gläser zur Hälfte mit Wasser füllen, bei 600 Watt 6 Minuten kochen lassen. Das Wasser abgießen, die Gläser umgedreht auf ein sauberes Küchentuch stellen.

2. Die Kirschen waschen. Stiele und Steine entfernen. In jedes Glas die Hälfte der Kirschen, 1 Zimtstange, 2 Nelken und ein Stück Zitronenschale geben. Zucker mit 330 ml Wasser bei 600 Watt 4 Minuten kochen, mit dem Rum mischen und über die Kirschen gießen.

3. Die Gläser mit Gummiring und Kunststoff-Klammer verschließen. Bei 600 Watt in 7 Minuten einkochen.

Vorbereitungszeit: 35 Minuten
Kochzeit: 7 Minuten
Pro Glas etwa 3 g E, 3 g F, 98 g KH = 644 kcal (2691 kJ)

Orangenmarmelade

Für 2 Gläser à 250 ml:
450 g Orangenfilets mit Saft (aus 4–5 großen Orangen)
50 ml Granatapfelsaft (aus 1 Granatapfel)
250 g Gelierzucker Extra (2:1)

1. Orangenfilets mit Saft, Granatapfelsaft und Zucker in einer flachen, weiten Schale verrühren.

2. Zugedeckt bei 600 Watt in 8–9 Minuten zum Kochen bringen. Gut umrühren.

3. Offen bei 600 Watt weiterkochen. Ab und zu umrühren, nach 5 Minuten die Gelierprobe machen (1 El Marmelade auf einem Teller abkühlen lassen). Falls die Marmelade noch nicht geliert, 1–2 Minuten weiterkochen.

4. In vorbereitete Geleegläser füllen(2 à 250 ml), mit Einmachhaut und Gummiring oder Twist-off-Deckel verschließen.

Zubereitungszeit: 20 Minuten
Pro Glas etwa 2g E, 1g F, 151g KH = 618 kcal (2582 kJ)

Kochen mit dem Kombinationsgerät

FLEISCH

TIP *Größe, Konsistenz und Fettgehalt des Fleisches sind entscheidend für die Temperaturwahl, die Heizart und die Leistung der Mikrowelle. Grundsätzlich sind 200 bis 250 Grad angebracht, weil das Fleisch ja gleichzeitig braun und gar sein soll. Mittelgroße, durchwachsene Stücke werden mit Umluft, mit Schwarte auch mit Grill oder Umluftgrill und voller Mikrowellenleistung gegart. Sehr große, fette Braten mit Ober- und Unterhitze und halber Mikrowellenleistung garen. Flache Fleischstücke werden entweder gegrillt (ohne Mikrowelle) oder wie gewohnt in der Pfanne gebraten.* ***Wichtig:*** *Wenn Sie beim kombinierten Betrieb zwischendurch die Backofentür öffnen, muß die Mikrowelle neu gestartet werden.*

Falscher Hase

Für 4-6 Portionen:
2 Scheiben Toastbrot
100 ml Milch
1 kleine Zwiebel
1 Knoblauchzehe
500 g gemischtes Hackfleisch
1 Ei, 1½ Tl Salz
Pfeffer a. d. Mühle
1 Tl Paprikapulver (edelsüß)
1 Tl Salbei (getrocknet)
Fett für die Form
Füllung:
3-4 kleine
Broccoliröschen (TK)
1 El Paprikawürfel
Garnieren:
2 El durchwachsener Speck
1 El Paprikawürfel

1. Gerät auf 200° Ober-/Unterhitze vorheizen.

2. Toast in Milch einweichen. Zwiebel und Knoblauch pellen, fein hacken.

3. Hack mit Ei, Toast (nicht ausdrücken), Zwiebel, Knoblauch und den Gewürzen zu einem geschmeidigen Teig verkneten.

4. Eine kleine Pastetenform (750 ml Inhalt) mit Fett ausstreichen.

5. Die Hälfte der Hackfleischmasse einfüllen. An den Seiten etwas hochziehen.

6. Tiefgefrorene Broccoliröschen der Länge nach in die Mitte setzen, etwas andrükken. Paprikawürfel ringsum verteilen.

7. Das restliche Hack einfüllen und an den Seiten gut andrücken, so daß eine Wölbung entsteht.

8. Speck- und Paprikawürfel auf die Oberfläche geben, festdrücken.

9. Die Form offen in das vorgeheizte Gerät stellen und die Mikrowelle mit 600 Watt 15-17 Min. zuschalten. Form während der Garzeit einmal um 180° drehen. Vor dem Servieren 10 Min. ruhenlassen.

Dazu: Kartoffelpüree oder -salat, Broccoligemüse oder Paprika-Zwiebel-Salat.

Zubereitungszeit: 40 Minuten
Pro Portion (bei 6 Portionen) etwa 22 g E, 21 g F, 6 g KH = 323 kcal (1351 kJ)

Schweinshaxe, gegrillt oder gebacken

Für 4 Portionen:
2 Schweinshaxen mit Schwarte (ca. 2 kg)
weißer Pfeffer a. d. Mühle
1-2 Knoblauchzehen (nach Wunsch)
Zum Bestreichen:
8 El Zitronensaft
2 El Salz
2 El neutrales Pflanzenöl
1 El Thymian (getrocknet) oder Kümmel (ganz)

1. Kombinationsgerät auf 200° Umluft-Grill oder Ober-/Unterhitze vorheizen.

2. Haxen waschen, abtrocknen. Die Schwarte entweder mit einem sehr scharfen Messer oder der Küchenschere gitterartig einschneiden.

3. Fleischoberfläche gut mit Pfeffer einreiben. Knoblauch pellen, durch die Presse geben und das Fleisch an den Seiten und unter der Schwarte damit einreiben.

4. Haxen in die Fettpfanne legen. Auf mittlerer Schiene in das Gerät schieben.

5. Mikrowelle mit 600 Watt 40 Minuten dazuschalten.

6. Zitronensaft mit Salz, dann mit Öl und Thymian verschlagen.

7. Die Haxen nach 10 Minuten damit bestreichen und den Backofen auf 175° herunterschalten.

8. Die Haxen jede 8-10 Minuten mit der Marinade und dem abgetropften Fett bestreichen und wenden, damit sie ringsum kroß und würzig werden.

9. Nach dem Braten etwa 5 Minuten ruhen lassen. Das Fett vom Bratenfond schöpfen und den Fond zu den Haxen reichen.

Dazu: Weißbrot oder Kümmelbrot und ein bunter Salat.

Zubereitungszeit: 1 Stunde
Pro Portion etwa 56g E, 77g F, 2g KH = 980 kcal (4102 kJ)

Osso buco

Für 4 Portionen:
750 g Fleischtomaten
1 Zwiebel, 1 Knoblauchzehe
1 kleine Möhre
1 Stange Porree
2 kleine Stangen Staudensellerie
Schale von 1 Zitrone (unbehandelt)
50 ml Weißwein
2 Lorbeerblätter
1 Bund glatte Petersilie
1 El gehackter Salbei
Salz, Pfeffer a. d. Mühle
4 Scheiben Kalbshaxe
1 El Mehl
Sauce:
50 ml Weißwein
50 ml Kalbsfond (Glas)
2-3 El helles Saucenbindemittel
1 Tl Zitronensaft, Zucker
2-3 El Basilikum (gehackt)

1. Das Gerät auf 200° Ober-/Unterhitze vorheizen.

2. Tomaten enthäuten, halbieren, entkernen, in Würfel schneiden. Zwiebel und Knoblauch pellen, fein hakken. Möhre, Porree, Sellerie putzen, kleinschneiden.

3. Das Gemüse in eine flache feuerfeste Form geben. Zitronenschale, Wein, Lorbeer und Kräuter zufügen. Mit Salz und Pfeffer würzen.

4. Fleisch abspülen, abtrocknen. Haut am Rand einschneiden. Mit Salz und Pfeffer einreiben, mit Mehl bestäuben, auf das Gemüse legen.

5. Auf der mittleren Schiene in das Gerät schieben. Mikrowelle mit 600 Watt dazuschalten. 20 Minuten garen, nach 10 Min. wenden.

6. Das Fleisch auf einer Platte anrichten. Zitronenschale entfernen. Weißwein und Fond zum Gemüse gießen. Saucenbindemittel einrühren und die Sauce 1-2 Minuten bei 600 Watt binden. Mit Zitronensaft, Salz, Pfeffer, Zucker und Basilikum abschmecken.

Zubereitungszeit: 60 Minuten
Pro Portion etwa 34g E, 3g F, 15g KH = 248 kcal (1038 kJ)

Lammkeule mit Schafskäse-Füllung

Für 4-6 Portionen:
1 Lammkeule (entbeint, ca. 1 kg)
Füllung:
100 g Schafskäse
3 Knoblauchzehen
1 El Rosmarin (gehackt)
1 Bund glatte Petersilie
Salz
weißer Pfeffer a. d. Mühle
2 El Thymian (gehackt)
weißer Pfeffer (grob zerstoßen)
Sauce:
1 Zwiebel (100 g)
50 g Schafskäse
100 ml Weißwein
Salz
weißer Pfeffer a. d. Mühle

1. Fleisch abwaschen, trokkentupfen. Umluft-Grill auf 250° vorheizen.

2. Für die Füllung Schafskäse zerdrücken. Knoblauch pellen, zerdrücken. Käse, Knoblauch, Rosmarin und gehackte Petersilie zu einer Paste pürieren. Mit Salz und Pfeffer würzen.

3. Das Fleisch mit der Paste füllen, mit Küchengarn zusammenbinden. Mit gehacktem Thymian und zerstoßenem Pfeffer einreiben.

4. Mit dem Einschnitt nach oben in eine feuerfeste flache Form legen.

5. Offen in das Kombinationsgerät setzen und die Mikrowelle mit 600 Watt 15 Minuten dazu schalten.

6. In der Zwischenzeit für die Sauce Zwiebel pellen, grob zerkleinern. Mit dem Schafskäse und Wein pürieren. Mit Salz und Pfeffer würzen.

7. Das Fleisch wenden und die Saucenmischung dazugeben. In 20 Minuten bei 600 Watt fertig braten.

8. Küchengarn entfernen und das Fleisch etwa 5 Minuten ruhenlassen.

9. Die Sauce mit Salz und Pfeffer abschmecken. Fleisch in Scheiben schneiden, Sauce dazu reichen.

Dazu: Kartoffelgratin, Ratatouille.

Zubereitungszeit: 1 Stunde, 15 Minuten
Pro Portion (bei 6 Portionen) etwa 34 g E, 33 g F, 2 g KH = 476 kcal (1991 kJ)

Hohe Rippe mit Provencekräutern

Für 4 Portionen:
2 große oder 4 kleine Scheiben Hohe Rippe (ca. 900 g)
Marinade:
200 ml Rotwein
50 ml Essig
1 Knoblauchzehe (zerdrückt)
Pfeffer a. d. Mühle
3 El Kräuter der Provence
4 Lorbeerblätter
Außerdem:
2-3 El Rotwein
Salz
Zucker

1. Fleisch waschen, in eine flache Schüssel legen.

2. Alle Zutaten für die Marinade verrühren und darübergeben. Zugedeckt in der Mikrowelle bei 90 Watt (Auftaustufe) 20 Minuten marinieren. Dabei 3-4 mal wenden.

3. Fleisch abtropfen lassen, etwas abtupfen. Marinade durch ein Sieb geben. Ca. 50 ml aufbewahren.

4. Gerät auf 250° Ober/Unterhitze vorheizen.

5. Das Fleisch mit den Knochen nach außen in eine feuerfeste Form oder in die Fettpfanne legen. Auf der mittleren Schiene in das heiße Gerät schieben.

6. Mikrowelle mit 600 Watt zuschalten und das Fleisch etwa 6 Minuten garen. Wenden, die aufbewahrte Marinade zugeben und das Fleisch in etwa 6 Minuten fertig braten. (Evtl. die äußeren Ränder der Fleischscheiben einschneiden)

7. Das gare Fleisch mit Salz würzen. Bratfond mit Rotwein verrühren, mit Salz und Zucker abschmecken und über das Fleisch geben.

Dazu: Risotto oder gegrilltes Knoblauchbrot, grüner Salat mit Sahnesauce.

Zubereitungszeit: 50 Minuten
Pro Portion etwa 33 g E, 32 g F, 1 g KH = 456 kcal (1905 kJ)

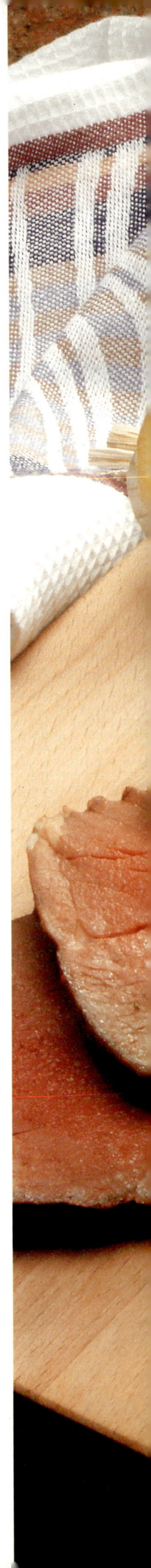

Kochen mit dem Kombinationsgerät

GEFLÜGEL

TIP *Bei Geflügel wird das Kombinationsgerät praktisch genauso benutzt wie bei Kalb- oder Rindfleisch. Großes Geflügel mit Ober- und Unterhitze und halber Mikrowellenleistung braten. Damit die Haut kroß und knusprig wird, sollte man sie rundherum einstechen und das ausgetretene Fett abschöpfen und die Haut während der Bratzeit mit dem Fett bestreichen. Kleine Geflügelteile wie Enten- oder Gänsebrust werden mit Grill und halber Mikrowellenleistung schnell kroß und gar. Hähnchen gart man, je nach Größe, mit Grill oder Umluft und halber Mikrowellenleistung.*

Gefüllte Gans

Für 6-8 Portionen:
1 Gans (ca 3 1/2 kg)
Salz, Pfeffer a. d. Mühle
ca. 1 El Rosmarin (getrocknet)
5 Lorbeerblätter
2 Äpfel, 2 Zwiebeln
250 ml Calvados
2-3 El dunkles Saucenbindemittel

1. Das Gerät auf 200 Grad Ober-/Unterhitze vorheizen.

2. Gans abwaschen, abtrocknen, mit Salz, Pfeffer, Rosmarin einreiben. Lorbeer in die Bauchöffnung geben.

3. Apfel- und Zwiebelwürfel mit Salz, Pfeffer würzen. Die Gans füllen, schließen.

4. 50 ml Calvados in die Gans füllen. In der Fettpfanne auf der untersten Schiene in das Gerät schieben. Die Mikrowelle mit 360 Watt 20 Minuten zuschalten.

5. Nach 10 Minuten die Schenkel einstechen. Gans wenden, mit Calvados begießen.

6. Bei 360 Watt weitere 20 Minuten braten. Dabei Haut einstechen, Fett größtenteils abschöpfen und die Gans immer wieder mit Calvados und etwas Fett begießen.

7. Gans herausnehmen. Fett und Bratenfond in eine Schüssel gießen. Gans wenden und wieder in die Fettpfanne setzen. Restlichen Calvados darübergießen. Bei 360 Watt 5 Minuten braten. Nochmals wenden und in 5-10 Minuten fertigbraten.

8. In der Zwischenzeit den Fond fast völlig entfetten. Gans warm stellen. Backofen ausschalten. Verbliebenen Bratenfond mit ca. 100 ml Wasser verrühren, zum entfetteten Fond gießen. Durch ein Sieb gießen.

9. Saucenbindemittel einrühren. Bei 600 Watt in 3 Minuten binden. Abschmecken.

Zubereitungszeit: 2 Stunden
Pro Portion (bei 8 Portionen) etwa 44 g E, 86 g F, 7 g KH = 1114 kcal (4653 kJ)

Entenbrust mit Balsam-Essig

Für 4 Portionen:
2 El brauner Zucker
4 El Balsam-Essig
100 g Lauchzwiebeln
1-2 Möhren (100 g)
1 Petersilienwurzel
mit Grün (100 g)
Salz
weißer Pfeffer a. d. Mühle
2 Entenbrustfilets (à 300 g)
2-3 kleine Salbeizweige
1 El dunkles
Saucenbindemittel

1. Zucker mit Essig in einer kleinen Schale bei 600 Watt in 2-3 Minuten auflösen und leicht karamelisieren.

2. Zwiebeln putzen, waschen. In dünne Streifen, Halme in Ringe schneiden. Möhren, Petersilienwurzel putzen, schälen, waschen, in feine Streifen schneiden. Petersiliengrün fein hacken, beiseite stellen.

3. Das Gemüse in eine flache feuerfeste Form geben. 50 ml Wasser zugießen, mit Salz und Pfeffer bestreuen. Zugedeckt bei 600 Watt 3 Minuten vorgaren.

4. Grill auf Stufe 3 vorheizen. Entenbrustfilets abwaschen, abtrocknen. Evtl. Kielenden mit einer Pinzette entfernen. Fleisch rundherum mit Pfeffer einreiben.

5. Salbeizweige auf das Gemüse geben. Filets mit der Fleischseite nach unten darauflegen.

6. Form auf dem Rost in die Mitte des Gerätes schieben. Mikrowelle mit 360 Watt 2 Minuten zuschalten. Fleisch wenden. Mit Essig-Karamel bestreichen. Bei 360 Watt nochmals 2 Minuten grillen. Wieder wenden. Fettseite mit Karamel bestreichen. Noch 2-4 Minuten bei 360 Watt grillen (je nachdem, wie rosa das Fleisch innen sein soll).

7. Grill ausschalten. Fleisch auf einer Platte anrichten und 5 Minuten ruhenlassen. Gemüse mit einem Schaumlöffel aus dem Fond nehmen (Salbei dabei entfernen) und zum Fleisch geben.

8. Restlichen Karamel mit etwas Wasser verrühren und in den Fond geben. Saucenbindemittel einrühren und in 1 Minute bei 600 Watt aufkochen. Sauce mit Salz und Pfeffer abschmecken. Petersiliengrün darüberstreuen, zum Fleisch servieren.

Zubereitungszeit: 40 Minuten
Pro Portion etwa 28 g E, 26 g F, 11 g KH = 415 kcal (1736 kJ)

Putenkeulen mit Zitronensauce

Für 4-6 Portionen:
2 Putenkeulen mit Knochen
(ca. $1^{1}/_{4}$ kg) Salz
1 Tl Thymian (getrocknet)
$1^{1}/_{2}$ Tl grüner Pfeffer (eingelegt)
$1^{1}/_{2}$ Zitronen
1 El Butterschmalz
100 g eiskalte Butter, Zucker

1. Gerät auf 250 Grad Ober-/Unterhitze vorheizen.

2. Mit einem sehr scharfen Messer die Knochen aus den Keulen herauslösen. Dabei das Messer immer am Knochen entlangführen, damit das Fleisch nicht eingeschnitten wird.

3. Fleisch abwaschen, abtrocknen. Innen mit Salz und Thymian einreiben. Grünen Pfeffer evtl. abspülen, leicht zerdrücken. Die ganze Zitrone einschließlich der weißen Haut schälen, Filets zwischen den Häuten herausschneiden.

4. Putenkeulen mit grünem Pfeffer und Zitronenfilets füllen. Mit Küchengarn zusammenbinden.

5. Butterschmalz in eine feuerfeste Form geben. Kurz in das heiße Gerät stellen, damit das Fett zerläuft.

6. Keulen mit dem Einschnitt nach oben hineinlegen. Die Mikrowelle mit 600 Watt 22-23 Minuten dazuschalten.

7. Das Fleisch nach etwa 10 Minuten wenden und mit dem Saft der $^{1}/_{2}$ Zitrone begießen.

8. Die garen Keulen herausnehmen. Garn entfernen. Fleisch etwas ruhenlassen.

9. Ca. 50 ml Wasser in den Bratsud gießen. Bei Backofenhitze und 600 Watt in 2 Minuten einkochen.

10. Eiskalte Butter in Stückchen rasch darunterschlagen. Sauce mit Salz und Zucker abschmecken.

Zubereitungszeit: 1 Stunde
Pro Portion (bei 6 Portionen) etwa 34 g E, 23 g F, 2 g KH = 375 kcal (1572 kJ)

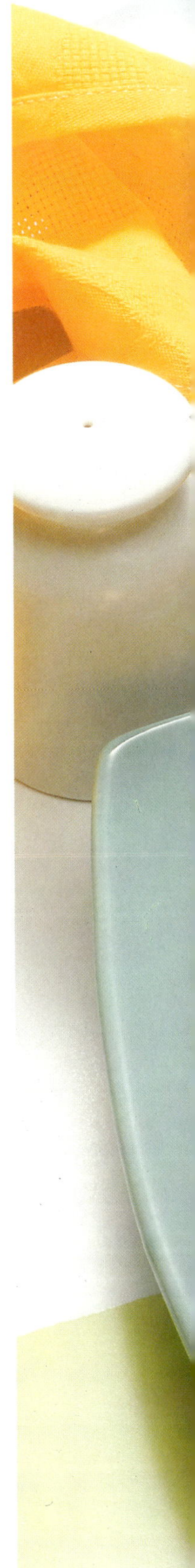

Gänsebrust Malteser Art

Für 4 Portionen:
1 Gänsebrust (ca. $1^1/_4$ kg)
Salz, weißer Pfeffer a. d. Mühle
Koriander (gemahlen)
3-4 Lorbeerblätter
200 g Zwiebeln
50 ml Weißwein
100 ml Orangensaft (frisch gepreßt aus Blutorangen)
2 El gehackte Orangenschale (unbehandelt)
Sauce:
2 El Weißwein
evtl. 1 kleine Blutorange

1. Kombinationsgerät auf 225 Grad Ober-/Unterhitze vorheizen.

2. Fleisch abwaschen, abtrocknen. Evtl. Kielenden mit einer Pinzette entfernen. Ringsum mit Salz, Pfeffer und Koriander einreiben. Lorbeer zwischen Fleisch und Fettschicht stecken.

3. Zwiebeln pellen, in kleine Würfel schneiden. In eine feuerfeste flache Form geben.

4. Wein zugießen und Gänsebrust daraufsetzen. Auf der zweiten Schiene von unten in das Gerät schieben. Die Mikrowelle mit 360 Watt 10 Minuten zuschalten.

5. Die Hälfte des Orangensaftes über das Fleisch gießen und die Orangenschale in den Fond geben.

6. Bei 360 Watt 10 Minuten weiterbraten. Zwischendurch mit Bratfett begießen.

7. Die Hitze auf 175 Grad herunterschalten. Fleisch herausnehmen. Das Fett vom Bratenfond abschöpfen. Restlichen Orangensaft hineingeben. Gänsebrust in 8-10 Minuten bei 360 Watt fertigbraten. Ca. 10 Minuten ruhenlassen.

8. Nochmals Fett vom Bratenfond abschöpfen. Wein hineingeben. Mit Salz, Pfeffer und Koriander abschmekken. Bei 600 Watt 2 Minuten erhitzen.

9. Orange wie einen Apfel schälen und Filets zwischen den Häuten herausschneiden.

10. Fleisch vom Knochen lösen, in Scheiben schneiden, mit den Orangenfilets anrichten und die Sauce dazugeben.

Zubereitungszeit: 50 Minuten
Pro Portion etwa 36 g E, 70 g F, 7 g KH = 863 kcal (3607 kJ)

Knusper-Hähnchen

Für 2 Portionen:
1 Brathähnchen (ca. 1 kg)
1 Tl Salz
Saft von 1 Zitrone
2 El Olivenöl
Pfeffer a. d. Mühle
1 Prise Cayennepfeffer
je $^1/_2$ Tl Estragon, Basilikum, Thymian (getrocknet)

1. Das Kombinationsgerät auf Umluft-Grill 200° vorheizen.

2. Hähnchen innen und außen abwaschen, abtrocknen, salzen. Evtl. Fett an der Bauchöffnung entfernen.

3. Zitronensaft mit Öl, Pfeffer, Cayenne und Kräutern verrühren.

4. Das Hähnchen innen und außen damit bestreichen.

5. Mit der Brust nach oben auf die Fettpfanne legen. Auf der mittleren Schiene in das Gerät schieben.

6. Die Mikrowelle mit 360 Watt 17-20 Minuten dazuschalten. Das Hähnchen während der Garzeit 1-2mal wenden und mit Marinade und abgetropftem Sud bestreichen.

Zubereitungszeit: 35 Minuten
Pro Portion etwa 76 g E, 31 g F, 2 g KH = 634 kcal (2650 kJ)

Kochen mit dem Kombinationsgerät

AUFLÄUFE

TIP *Für Aufläufe ist die Kombination Mikrowelle und Grill ideal, denn die Mikrowelle gart die Zutaten schnell und gleichmäßig und der Grill sorgt für die braune Kruste. Wegen der hohen Temperaturen, die durch den Grill entstehen, sollte man nur hitzebeständige und mikrowellengeeignete Formen verwenden! Soufflés, Salzburger Nockerl und andere Aufläufe mit viel Schaummasse sollte man nur mit Ober- und Unterhitze zubereiten. Durch die Mikrowelle gehen sie zu schnell auf und fallen genauso schnell wieder zusammen.*

Nudelauflauf mit provenzalischem Gemüse

Für 4 Portionen:
250 g kurze Nudeln, Salz
1 Zwiebel
1 Knoblauchzehe
3 El kaltgepreßtes Olivenöl
1 Aubergine (ca. 175 g)
1 rote Paprikaschote (ca. 175 g)
1 gelbe Paprikaschote (ca. 175 g)
Pfeffer a.d. Mühle
provenzalische Kräutermischung
1 Dose Tomaten (250 g Abtropfgewicht)
1 Glas Oliven (grün, ohne Stein, 350 g)
3 Eier
1 Becher Crème double (150 g)
Tabasco
100 g Emmentaler (geraspelt)
75 g geriebenes Weißbrot

1. Nudeln in kochendem Salzwasser nach Vorschrift auf der Packung garen.

2. Zwiebel und Knoblauchzehe pellen und fein würfeln. In 2 El Olivenöl bei 600 Watt 2 Minuten andünsten.

3. Aubergine und Paprikaschoten waschen, putzen, Aubergine würfeln, Paprikaschoten in Streifen schneiden. Beides zur Zwiebelmischung geben, mit Pfeffer und Kräutern würzen und geschlossen bei 600 Watt 10 Min. garen.

4. Tomaten abgießen, 50 ml Saft auffangen. Nudeln und abgetropfte Oliven zu der Gemüsemischung geben und in eine flache Gratinform füllen. Tomatensaft mit Eiern, Crème double, Pfeffer, Salz und Tabasco verquirlen und über das Gemüse gießen.

5. Käse mit geriebenem Brot mischen, über den Auflauf streuen. Mit dem restlichen Olivenöl beträufeln und 10 Minuten bei 600 Watt und Grilleinstellung 1-2 garen

Zubereitungszeit: 30 Minuten
Pro Portion etwa 26 g E, 50 g F, 62 g KH = 827 kcal (3460 kJ)

Kartoffel-Steinbutt-Gratin mit Pilzen

Für 4 Portionen:
20 g getrocknete Steinpilze
750 g Kartoffeln
125 g Champignons
10 g Butter oder Margarine
500 g Steinbuttfilet
3 Eigelb
1 Becher Crème double (150 g)
Pfeffer a.d. Mühle
Salz

1. Steinpilze in 1/8 l warmem Wasser einweichen. Kartoffeln schälen, waschen und in dünne Scheiben schneiden. Kartoffeln schräg in eine Gratinform schichten und bei 600 Watt abgedeckt etwa 10-12 Minuten garen.

2. Champignons waschen und putzen, in Scheiben schneiden. Zusammen mit der Butter oder Margarine 5 Minuten bei 600 Watt und Grill Stufe 3 garen, entstandene Flüssigkeit abgießen.

3. Steinpilze mit ihrer Flüssigkeit in einem genügend hohen Gefäß bei 600 Watt 2 Minuten erhitzen, dann durch ein Sieb gießen, Flüssigkeit auffangen.

4. Steinbuttfilet schräg in dünne Scheiben schneiden. Fisch, Champignons und Steinpilze im Wechsel schräg auf die Kartoffeln schichten. Steinpilzflüssigkeit mit Eigelb und Crème double verquirlen, pfeffern, salzen und über das Gratin gießen. 5-7 Minuten bei 600 Watt und Grill Stufe 3 überbacken.

Zubereitungszeit: 50 Minuten
Pro Portion etwa 29 g E, 26 g F, 27 g KH = 472 kcal (1978 kJ)

Gefüllte Paprikaschoten

Für 4 Portionen:
100 g Grünkern
4 Paprikaschoten (möglichst bauchig, rot und gelb, je ca. 200 g)
Füllung:
150 g Mozzarella
1 kleine Zucchini (100 g)
1 kleine Stange Porree
2 Knoblauchzehen
1/2 rote Chilischote
1 Bund glatte Petersilie
abgeriebene Schale von 1 Zitrone (unbehandelt)
100 g frisch geriebener Parmesankäse
1 El Oregano (getrocknet)
Salz
Fett fürs Blech

1. Grünkern waschen. Mit 200 ml Wasser bei 600 Watt zugedeckt in 4-5 Minuten aufkochen. Bei 180 Watt 14-15 Min. garen, evtl. abtropfen.

2. Kombinationsgerät auf 200 °C Ober-/Unterhitze vorheizen.

3. Paprikaschoten vom Stiel aus längs halbieren. Entkernen, Stiele dabei an den Schoten lassen. Schoten waschen, abtrocknen.

4. Mozzarella in Würfel schneiden. Zucchini und Porree putzen, waschen, kleinschneiden. Knoblauch schälen, zerdrücken. Chilischote entkernen, in feine Streifen schneiden. Petersilie waschen, abtrocknen, hacken.

5. Die Zutaten mit Grünkern, Zitronenschale, Parmesan (bis auf 2 El) und Oregano vermengen. Mit Salz würzen.

6. In die Paprikahälften füllen und etwas festdrücken. In die gefettete Fettpfanne setzen. Mit restlichem Parmesan bestreuen.

7. Auf der mittleren Schiene in das Gerät schieben. Mikrowelle mit 360 Watt zuschalten und die Schoten in 15 bis 16 Minuten garen.

Zubereitungszeit: 50 Minuten
Pro Portion etwa 22 g E, 14 g F, 22 g KH = 313 kcal (1310 kJ)

Kartoffel-Gratin

Für 4 Portionen:
1 kg Kartoffeln (festkochend)
Salz, Pfeffer a.d. Mühle
Muskatnuß (frisch gerieben)
100 g Emmentaler (geraspelt)
1/4 l Schlagsahne

1. Die Kartoffeln schälen und in Scheiben schneiden. Kurz waschen und mit Küchenpapier trockentupfen.

2. Die Hälfte der Kartoffelscheiben in eine flache Gratinform schichten, mit Salz, Pfeffer und Muskat würzen und mit der Hälfte des Käses bestreuen.

3. Die zweite Hälfte der Kartoffeln einschichten und ebenfalls mit Salz, Pfeffer und Muskat würzen und mit dem restlichen Käse bestreuen. Die Sahne darübergießen.

4. Im Kombinationsgerät bei 600 Watt und mittlerer Grilleinstellung ca. 17 Min. garen.

Vorbereitungszeit: 20 Minuten
Garzeit: 15-17 Minuten
Pro Portion etwa 13 g E, 14 g F, 40 g KH = 358 kcal (1496 kJ)

Quark-Heidelbeer-Auflauf

Für 3-4 Portionen:
400 g Sahnequark
3 Eier
50 g Hart- oder Weichweizengrieß
50 g gemahlene Mandeln
3 El Zucker
1 Vanilleschote
1 El Zitronensaft
2 El Eierlikör
250 g Heidelbeeren
Butter für die Form
Zum Bestreuen:
1 El Zucker
30 g Mandelblättchen (3-4 El)
1 El Butter

1. Das Kombinationsgerät auf 200° Umluft vorheizen.

2. Quark in eine Rührschüssel geben. Eier trennen. Eigelb zum Quark geben. Grieß, Mandeln, Zucker unterrühren.

3. Vanilleschote auskratzen, Mark unterrühren. Zitronensaft und Eierlikör ebenfalls unterrühren

4. Eiweiß steif schlagen, unterheben.

5. Heidelbeeren verlesen, waschen, vorsichtig abtrocknen. Ebenfalls unterheben.

6. Die Masse in eine gefettete längliche Auflauf-Form füllen. Glattstreichen. Mit Zukker und Mandelblättchen bestreuen. Butter in Flöckchen daraufsetzen.

7. Form auf dem Rost in die Mitte des Gerätes schieben. Die Mikrowelle mit 360 Watt zuschalten und den Auflauf in 12-13 Minuten hellbraun backen. Warm servieren.

Zubereitungszeit: 30 Minuten
Pro Portion (bei 4 Portionen) etwa 21 g E, 31 g F, 43 g KH = 550 kcal (2326 kJ)

Nudel-Gratin

Für 4 Portionen:
125 g kurze Nudeln (z.B. Zöpfli)
Salz, 1 El Öl
500 g Porree
10 g weiche Butter oder Margarine
20 g Semmelbrösel
125 g gekochter Schinken
125 g Käse (Emmentaler, mittelalter Gouda oder Gruyère)
3 Eier (Gew.-Kl. 2)
1/4 l Schlagsahne
Cayennepfeffer

1. Die Nudeln in reichlich herzhaft gesalzenem Wasser mit dem Öl knapp gar kochen. Inzwischen den Porree putzen, waschen und in feine Ringe schneiden. Porree in der letzten Minute Kochzeit zu den Nudeln geben und mitgaren. Nudeln und Porree in einen Durchschlag geben und gut abtropfen lassen.

2. Eine Pieform (26 cm ø) mit der Butter oder Margarine auspinseln und mit den Semmelbröseln ausstreuen. Die Nudel-Porree-Mischung in die Form geben.

3. Den Schinken in Würfel schneiden und darüberstreuen. Den Käse grob raffeln. Die Eier mit der Sahne verrühren, kräftig mit Salz und Cayennepfeffer abschmecken und gleichmäßig über die Nudeln gießen. Den Käse darüberstreuen. Bei 600 Watt und Grillstufe 2 ca. 20 Minuten backen.

Zubereitungszeit: 50 Minuten
Pro Portion etwa 28 g E, 36 g F, 34 g KH = 649 kcal (2716 kJ)

Gemüse-Auflauf mit Nußkruste

Für 4 Portionen:
250 g Schalotten
30 g Butter oder Margarine
500 g neue Kartoffeln
250 g junge Möhren
250 g Kohlrabi
1 Pk. Erbsen (TK, 300 g)
gut 1/8 l Schlagsahne
3 Eigelb
Pfeffer a.d. Mühle
Salz
75 g Haselnußkerne
75 g geschälte Mandeln
3 Eiweiß
1 Tl Sesamöl

1. Schalotten pellen, mit der Butter oder Margarine bei 600 Watt 2 Minuten andünsten.

2. Kartoffeln schälen, waschen und würfeln. Möhren putzen, waschen und in Scheiben schneiden. Kohlrabi abziehen und in Stifte schneiden. Alle Gemüse mit den Erbsen und den angedünsteten Schalotten mischen und in eine feuerfeste Form geben.

3. Sahne mit dem Eigelb verrühren, pfeffern, salzen und über das Gemüse gießen. Das Gemüse zugedeckt bei 600 Watt 15-20 Minuten garen.

4. In der Zwischenzeit die Haselnüsse und die Mandeln fein hacken. Eiweiß steif schlagen und die Nüsse darunterheben. Sesamöl und Salz untermischen. Auflauf aus dem Gerät nehmen, die Masse darüberstreichen und 5-7 Minuten bei 360 Watt und Grill Stufe 2 überbacken.

Zubereitungszeit: 50 Minuten
Pro Portion etwa 21 g E, 44 g F, 39 g KH = 649 kcal (2716 kJ)

TIP *Damit der Auflauf gleichmäßig gart, sollten die Kartoffeln, Möhren und Kohlrabi in möglichst gleich große Stücke geschnitten und gleichmäßig in die Form geschichtet werden.*

Backen mit dem Kombinationsgerät
KUCHEN

TIP *In einem Kombinationsgerät werden Kuchen nicht nur gar, sie bekommen auch eine Kruste. Besonders geeignet sind Kuchen mit geringem Mehlanteil und saftigen Zutaten wie Butter, Eier, Sahne, Mandeln und Nüssen. Gut gelingen auch Kuchen mit einem Belag aus Obst, Quark, Nüssen oder Mohn. Beim Backen im Kombinationsgerät ist die Mitte des Kuchens besonders kritisch. Sie soll nicht mehr weich sein, soll sich aber bei leichtem Druck gerade noch elastisch anfühlen. Wichtig: Auch Kuchen garen noch etwa fünf Minuten nach!*

Marzipan-Stollen

Für etwa 20 Stücke:

Hefeteig:
30 g frische Hefe
100 ml lauwarme Milch
50 g Zucker, 350 g Mehl
2 Eigelb, 100 g weiche Butter
100 g Marzipanrohmasse
1 Prise Salz

Füllung:
ca. 50 g weiche Butter
100 g Marzipanrohmasse
100 g Zitronat und Orangeat
100 g Rosinen
Butter zum Bestreichen
Mehl zum Ausrollen
Fett fürs Blech

1. Hefe in der Milch auflösen. Zucker und 100 g Mehl hineinrühren, so daß ein dickflüssiger Vorteig entsteht.

2. Zugedeckt 5 Minuten bei 90 Watt erwärmen. Teig soll sich etwa verdoppeln.

3. Zuerst Eigelb, dann Butter, Marzipan, restliches Mehl und Salz unterkneten. Den Teig in 5 Min. glatt kneten.

4. Zugedeckt 5 Minuten bei 90 Watt gehen lassen.

5. Zu einem Rechteck von ca. 35 x 40 cm ausrollen. Mit weicher Butter bestreichen. Marzipan auf etwa 1/3 der Teiggröße ausrollen und in die Mitte des Rechtecks legen. Mit etwas Butter bestreichen. Sukkade und Rosinen darüberstreuen.

6. Teig an den Schmalseiten über die Füllung klappen, dann noch einmal übereinanderlegen, damit ein Stollen entsteht.

7. Auf die gefettete Fettpfanne legen. 5 Minuten bei 90 Watt gehen lassen. Das Gerät auf 150° Umluft vorheizen. Den Stollen möglichst warm halten.

8. Auf der mittleren Schiene in das Gerät schieben, die Mikrowelle mit 180 Watt zuschalten und den Stollen in 15-16 Minuten hellbraun backen. Zwischendurch und nach dem Backen mit Butter bestreichen.

Zubereitungszeit: ca. 1 Stunde
Pro Stück etwa 4 g E, 10 g F, 27 g KH = 218 kcal (910 kJ)

Zwetschgenkuchen

Für etwa 20 Stücke:
Belag:
ca. 1 kg Zwetschgen
Hefeteig:
20 g frische Hefe
100 ml lauwarme Milch
40 g Zucker
300 g Mehl
1 Ei, 80 g weiche Butter
1 Prise Salz
Fett fürs Blech
Guß:
3 Eigelb, 3 El Zucker
100 ml Schlagsahne
200 g Crème double
1 Prise Salz
1 Tl Zimt (gemahlen)
2 Eiweiß

1. Zwetschgen waschen, abtrocknen, halbieren, entsteinen. Die Hälften am Stielansatz etwas einschneiden.

2. Hefe in Milch auflösen. Zucker und 100 g Mehl unterrühren, so daß ein dickflüssiger Vorteig entsteht.

3. Zugedeckt 5 Minuten bei 90 Watt erwärmen. Teig soll sich etwa verdoppeln.

4. Mit den Knethaken zuerst das Ei, dann Butter, restliches Mehl mit Salz unterkneten. Den Teig in etwa 5 Minuten glatt kneten.

5. Das Gerät auf 175 ° Ober-/Unterhitze vorheizen. Den Teig zugedeckt hineingeben und die Mikrowelle mit 90 Watt 5 Minuten zuschalten.

6. Den aufgegangenen Teig auf einem bemehlten Brett kurz durchkneten und in Größe des Backblechs ausrollen. Auf das gefettete Blech legen und an den Seiten hochziehen.

7. Die Zwetschgenhälften dachziegelartig auf den Teig legen. Mit einem Tuch bedeckt möglichst warm halten.

8. Für den Guß Eigelb mit Zucker cremig schlagen. Sahne, Crème double, Salz und Zimt unterschlagen.

9. Eiweiß steif schlagen, unterziehen. Gleichmäßig auf dem Belag verteilen.

10. Blech auf der mittleren Schiene in das Gerät schieben. Die Mikrowelle mit 180 Watt 20 Minuten zuschalten.

11. Hitze auf 150 ° reduzieren. Den Kuchen mit 180 Watt in 10-15 Minuten fertig backen.

Zubereitungszeit: 1 1/2 Stunden
Pro Stück etwa 4 g E, 14 g F, 18 g KH = 221 kcal (923 kJ)

Käse-Mandel-Kuchen

Für etwa 12 Stücke:
150 g Mehl
1 Msp. Backpulver
50 g gemahlene Mandeln
2 El brauner Zucker
1 Prise Salz
80 g Butter
1 Eigelb, 1 Ei
Belag:
150 g weiche Butter
150 g brauner Zucker
2 Eier, 1 Eiweiß
500 g Magerquark
250 g Speisequark (20% Fett)
Mark 1 Vanillestange
abgeriebene Schale 1/2 Zitrone (unbehandelt)
50 g Hartweizengrieß
100 g gemahlene Mandeln
Fett für die Form
Mehl zum Ausrollen

1. Mehl und Backpulver mischen. Auf ein Brett geben. Mandeln, Zucker, Salz dazugeben. Butter in Stückchen ringsum verteilen. Eine Mulde in das Mehl drücken, Eier hineingeben.

2. Alles rasch zu einem glatten Teig verkneten. Ca. 3/4 Stunde kalt stellen.

3. Das Gerät auf 150 ° Umluft vorheizen.

4. Für den Belag zuerst Butter und Zucker cremig rühren, dann Eier unterrühren. Quark, Vanillemark, Zitronenschale, Grieß und Mandeln nach und nach zufügen.

5. Eine Springform (ca. 22 cm ø) ausfetten.

6. Teig ausrollen, in die Form legen und an den Seiten hochziehen. Boden mehrmals mit einer Gabel einstechen. Quarkmasse einfüllen.

7. Form auf der mittleren Schiene in das Gerät schieben. Mikrowelle mit 180 Watt zuschalten, den Kuchen in 35-40 Minuten goldbraun backen. Belag muß sich in der Mitte fest anfühlen.

8. Kuchen 5 Minuten stehen lassen, den Ring abnehmen. Noch ca. 1/2 Stunde abkühlen.

Zubereitungszeit: 1 1/4 Stunden
Pro Stück etwa 15 g E, 26 g F, 30 g KH = 429 kcal (1793 kJ)

Schokoladen-Mokka-Kuchen

Für etwa 12 Stücke:
Biskuit:
3 Eier (Gew.-Kl. 3)
100 g Zucker
100 g Mehl
30 g Speisestärke
20 g Kakao
2 Tl Backpulver
50 g Raspelschokolade
Füllung:
50 g Zartbitter-Schokolade
3 El Schlagsahne
2 El Instant-Kaffeepulver
125 g Crème double
Guß:
200 g bittere Schokolade
20 g Kokosfett
Verzierung:
gehackte Pistazienkerne
weiße Schokoladenraspel
Schokoladensternchen
Außerdem:
Fett für die Form

1. Das Gerät auf 150 ° Ober-/Unterhitze vorheizen.

2. Eine Springform (ca. 22 cm ø) ausfetten und mit Pergamentpapier auslegen.

3. Eier mit 3 El lauwarmem Wasser und Zucker in eine Rührschüssel geben. Mit dem Handrührgerät auf höchster Stufe in 5 Minuten cremig schlagen.

4. Mehl, Speisestärke, Kakao und Backpulver mischen. Nach und nach unter die Eiercreme rühren. Schokolade unterheben.

5. Teig in die Form füllen, glattstreichen. Form auf der zweituntersten Schiene in das Gerät schieben. Mikrowelle mit 180 Watt 10 -12 Minuten zuschalten.

6. Kuchen 5 Minuten stehen lassen, dann stürzen und das Papier vorsichtig abziehen. Wieder wenden und ca. 1 Stunde abkühlen lassen.

7. Für die Füllung Schokolade, Sahne, Kaffeepulver bei 600 Watt in 2 Minuten erhitzen. Glattrühren. Crème double unterschlagen, kalt stellen.

8. Den Kuchen quer halbieren und mit der Creme füllen.

9. Für den Guß die Schokolade zerkleinern. Mit dem Fett auf einen Teller geben. Bei 600 Watt in ca. 4 Minuten schmelzen.

10. Glattrühren. Kuchen damit bestreichen, mit Pistazien, Schokoladenraspeln und -sternchen verzieren. Ca. 1/2 Stunde in den Kühlschrank stellen.

Zubereitungszeit: 60 Minuten + 1 1/2 Stunden Kühlzeit
Pro Stück etwa 6 g E, 17 g F, 32 g KH = 315 kcal (1317 kJ)

Windbeutel

Für etwa 12 Stücke:
Brandteig:
1/4 l Wasser
65 g Butter
Salz, Zucker
125 g Mehl
4 Eier (Gew.-Kl. 3)
Sauce und Füllung:
250 g Brombeeren (TK)
2 El Zucker
1 El Orangensaft
200 g Schlagsahne

1. Wasser mit Butter, Salz und Zucker in eine Rührschüssel geben. Bei 600 Watt in 4–5 Minuten aufkochen.

2. Mehl dazugeben, mit einem Schneebesen zu einem glatten Kloß verrühren. Bei 600 Watt 1 Minute erhitzen.

3. Backofen auf 175° Umluft vorheizen.

4. Nacheinander die Eier unter den Teigkloß kneten, bis er glatt und glänzend ist.

5. Die Fettpfanne mit Backtrennpapier auslegen.

6. Teig in einen Spritzbeutel mit Sterntülle füllen.

7. In großen Abständen ca. 5 cm große Ringe auf das Blech spritzen. Ringe spiralförmig mit Teig ausfüllen.

8. Auf der mittleren Schiene in das Gerät schieben. Die Mikrowelle mit 600 Watt 7–8 Minuten zuschalten. Windbeutel goldbraun backen.

9. Nach 5 Minuten quer halbieren. Auskühlen lassen.

10. Für die Sauce 150 g Brombeeren 5 Minuten bei 600 Watt erhitzen. Durch ein feines Sieb streichen, mit 1 El Zucker und dem Orangensaft abschmecken. Restliche gefrorene Beeren unterheben.

11. Sahne mit restlichem Zucker steif schlagen. Auf die unteren Windbeutelhälften spritzen. Sauce darübergeben und die Deckel daraufsetzen. Sofort servieren.

Zubereitungszeit: 45 Minuten
Pro Stück etwa 4 g E, 11 g F, 15 g KH = 184 kcal (770 kJ)

Trauben-Tarte mit Baiser

Für etwa 12 Stücke:
Mürbeteig:
150 g Mehl
2 El Zucker
1 Prise Salz
75 g kalte Butter
1 Eigelb
Fett für die Form
Mehl zum Ausrollen
Belag:
400 g kernlose Weintrauben
Baiser:
3 Eiweiß
2 El Zucker
3 El Mandelblättchen

1. Mehl, Zucker und Salz auf ein Brett geben. Butter in Stückchen ringsum verteilen. Eigelb in einer Mulde ins Mehl geben.

2. Rasch zu einem glatten Teig verkneten. Ca. 1/2 Stunde kalt stellen.

3. Trauben waschen, abzupfen, abtrocknen. Das Gerät auf 175 ° Umluft vorheizen.

4. Eine Tarteform (ca. 20 cm ø) mit Fett ausstreichen.

5. Teig auf einem bemehlten Brett dünn in Größe der Form ausrollen.

6. In die Form legen, an den Seiten leicht andrücken, Boden mehrfach mit einer Gabel einstechen.

7. Weintrauben hineingeben, gleichmäßig verteilen.

8. Eiweiß sehr steif schlagen. Zucker nach und nach einrieseln und wieder sehr steif schlagen.

9. Eischnee auf die Trauben geben, glatt streichen. Einige Spitzen mit dem Löffelrükken hochziehen. Mandelblättchen darüberstreuen.

10. Form auf der mittleren Schiene in das Gerät schieben. Mikrowelle mit 180 Watt zuschalten. 10 Min. backen.

11. Die Hitze auf 150 ° reduzieren, Form evtl. eine Schiene tiefer stellen. Bei 180 Watt in 15 Min. fertigbacken.

Zubereitungszeit: ca. 1 Stunde + 1/2 Stunde Kühlzeit
Pro Stück etwa 3 g E, 7 g F, 20 g KH = 154 kcal (642 kJ)

Apfelkuchen aus Vollkornmehl

Für etwa 12 Stücke:
Rührteig:
150 g weiche Butter
4 El Honig
6 Eier (Gew.-Kl. 3)
150 g Vollkornweizenmehl (Type 1700)
4 El Weinstein-Backpulver
50 g Kokosflocken
400 g mürbe Äpfel
Außerdem:
2 El Sonnenblumenkerne
1 El Honig
1 El Butter
Fett für die Form

1. Das Gerät auf 175 ° Ober-/Unterhitze vorheizen.

2. Butter und Honig cremig rühren. Eier unterrühren.

3. Mehl und Backpulver mischen, unterrühren. Kokosflocken unterheben.

4. Äpfel schälen, halbieren, entkernen, kleinschneiden. Unter den Teig heben.

5. Eine Springform (ca. 24 cm ø) ausfetten. Den Teig einfüllen, glattstreichen.

6. Mit Sonnenblumenkernen bestreuen, Honig darüberträufeln und Butter in Flöckchen daraufsetzen.

7. Die Form auf der mittleren Schiene in das Gerät schieben. Die Mikrowelle mit 180 Watt ca. 30 Minuten zuschalten und den Kuchen goldbraun backen. Er soll sich in der Mitte noch eben elastisch anfühlen. Evtl. in den letzten 10 Minuten Hitze auf 150 ° reduzieren. Ca. 20 Minuten abkühlen lassen.

Zubereitungszeit: ca. 50 Minuten
Pro Stück etwa 6 g E, 18 g F, 18 g KH = 270 kcal (1131 kJ)

Kochen mit Mikrowelle und Herd

1. MENÜ

Vorspeise
Bouillon aus der Brühe, in der das Kalbsfilet gegart wurde, mit Steinpilzen, Eigelb und Kerbelblättchen

Hauptgericht
Pochiertes Kalbsfilet mit einer warmen Kräutersauce, Kartoffelgratin mit Ei und feiner Gemüseplatte

Dessert
Pudding aus Sahnejoghurt, mit einem Kompott aus Erdbeeren, tiefgekühlten Himbeeren und Erdbeerlikör

Das Kalbsfilet wird auf dem Herd im Topf pochiert, Gemüse und Gratin werden in der Mikrowelle gegart. Die Bouillon aus der Brühe für das Fleisch muß nur noch herzhaft abgeschmeckt werden. Rezepte Seite 169

Für den Pudding löst man die Gelatine in 30 Sekunden in der Mikrowelle auf. Das Kompott aus Erdbeeren und Himbeeren ist in der Mikrowelle in knapp 3 Minuten fertig. Rezept rechts

Steinpilz-Bouillon mit Ei

Für 4 Portionen:
3/4 l Fleischbrühe mit Steinpilzen (abgemessen aus der Brühe, in der das Kalbsfilet gegart wurde)
4 Eigelb, einige Kerbelblättchen

1. Kochbrühe in vier Tassen verteilen.

2. In jede Tasse ein Eigelb gleiten lassen. Mit Kerbelblättchen bestreuen und servieren.

Zubereitungszeit: 5 Minuten
Pro Portion etwa 4g E, 8g F, 0g KH = 90 kcal (380 kJ)

Pochiertes Kalbsfilet mit Kräutersauce

Für 4 Portionen:
30g getrocknete Steinpilze
ca. 2 l Fleischbrühe oder Kalbsfond
600g Kalbsfilet im Stück
1 Handvoll Kerbel
1 Bund glatte Petersilie
1 Bund Basilikum
4 El Crème fraîche
3 Eier, Pfeffer a.d. Mühle
Salz, Selleriesalz

1. Pilze in gut 1/8 l warmem Wasser einweichen, in Streifen schneiden. Einweichwasser durch eine Filtertüte in einen Topf passieren.

2. Fleischbrühe und Pilze zugeben und alles zum Kochen bringen. Das Kalbsfilet mit Küchengarn rundbinden und so an einen Kochlöffelstiel binden, daß das Fleisch frei in der Brühe hängen kann. In der Brühe 25 Minuten ziehen lassen.

3. Fleisch in Alufolie wickeln und warm halten. Brühe abschmecken und einen Teil für die Vorspeise abmessen.

4. Kräuter in der Crème fraîche fein pürieren. Eier zugeben, mit Pfeffer, Salz und Selleriesalz würzen, mit dem Schneebesen aufschlagen.

5. Im Mikrowellengerät bei 360 Watt 2 Minuten erhitzen, herausnehmen und aufschlagen, nochmals 1-2 Minuten erhitzen, dabei mehrmals herausnehmen und durchschlagen.

6. Das Fleisch mit Kräutersauce und Gemüseplatte servieren.

Vorbereitungszeit: 25 Minuten
Garzeit: 25-30 Minuten für das Fleisch, 3-4 Minuten für die Sauce
Pro Portion etwa 40g E, 11g F, 1g KH = 272 kcal (1143 kJ)

Feine Gemüseplatte

Für 4 Portionen:
500g Blattspinat, Salz
Pfeffer a.d. Mühle
Muskat (frisch gerieben)
4 Tl Butter oder Margarine
250g Kohlrabi, 250g Möhren
1 El Schlagsahne
250g Zuckerschoten
300g grüne Erbsen (TK)

1. Blattspinat gründlich waschen, verlesen und tropfnaß in ein Gefäß mit Deckel geben. Verschließen und bei 600 Watt 6 Minuten garen. Ausdrücken, mit Salz, Pfeffer, Muskat und 1 Tl Butter oder Margarine mischen, nochmals 2 Minuten bei 600 Watt garen. In eine Tasse pressen und in die Mitte einer Platte stürzen.

2. Kohlrabi putzen, schälen und in feine Stifte schneiden. In ein Gefäß mit Deckel geben und mit 1 Tl Butter oder Margarine bei 600 Watt 6 Minuten garen, salzen und auf die Gemüseplatte geben. Mit einigen feingehackten Kohlrabiblättern bestreuen.

3. Möhren putzen und waschen, in Scheiben schneiden. Mit der Sahne in ein Gefäß mit Deckel geben und bei 600 Watt 6–7 Minuten garen. Salzen und auf die Gemüseplatte geben.

4. Zuckerschoten putzen, waschen und entfädeln. Mit 1 Tl Butter oder Margarine in ein Gefäß mit Deckel geben und bei 600 Watt 6 Minuten garen, salzen und auf die Platte geben.

5. Erbsen mit der restlichen Butter oder Margarine in ein Gefäß mit Deckel geben, bei 600 Watt 4 Minuten garen, salzen und auf die Platte geben.

6. Gemüseplatte mit fester Klarsichtfolie bedecken und kühl stellen. Kurz vor dem Servieren abgedeckt in das Mikrowellengerät stellen und bei 600 Watt 3 Minuten erhitzen.

Vorbereitungszeit: 35 Minuten
Garzeit: insgesamt etwa 35 Minuten
Pro Portion etwa 10g E, 6g F, 22g KH = 189 kcal (782 kJ)

Kartoffelgratin mit Ei

Für 4 Portionen:
2 Eier (hartgekocht), 600g Kartoffeln
1/4 l Schlagsahne, 2 Eier
1 El Senf, Pfeffer a.d. Mühle, Salz
Muskat (frisch gerieben)
50g Butter oder Margarine

1. Eier pellen und fein hacken. Kartoffeln schälen, in dünne Scheiben schneiden und waschen.

2. Sahne mit Eiern, Senf und Gewürzen verquirlen. Die Kartoffeln auf vier flache Förmchen verteilen und mit der Eiermischung übergießen.

3. Fett bei 600 Watt 30 Sekunden zerlassen. Ei in die Mitte der Förmchen verteilen, mit dem Fett beträufeln. Bei 600 Watt 25 Minuten garen.

Vorbereitungszeit: 25 Minuten
Garzeit: 25 Minuten
Pro Portion etwa 12g E, 37g F, 21g KH = 480 kcal (2010 kJ)

Joghurtpudding mit Beerenkompott

Für 4 Portionen:
1 Paket Himbeeren (TK, 250g)
2 El schwarzes Johannisbeergelee
2 El Erdbeerlikör, 250g Erdbeeren
3 Eier (getrennt), 4 El Zucker
2 Becher Sahnejoghurt (à 150g)
5 Blatt weiße Gelatine

1. Himbeeren bei 180 Watt im geschlossenen Gefäß 5 Minuten antauen lassen. Gelee und Likör unterrühren, 2 Min. bei 600 Watt erhitzen.

2. Erdbeeren waschen und putzen, einige beiseite legen. Restliche Erdbeeren vierteln, unter die Himbeeren rühren und bei 600 Watt 45 Sekunden miterhitzen, kühl stellen.

3. Eigelb und Zucker schaumig rühren, Joghurt unterrühren, Gelatine in kaltem Wasser einweichen, dann tropfnaß bei 600 Watt in 30 Sekunden auflösen. Unter die Creme rühren.

4. Eiweiß steif schlagen, unter die Joghurtmasse ziehen. 4 Förmchen mit Öl einpinseln, die Creme hineinstreichen, im Kühlschrank erstarren lassen. Puddinge auf Teller stürzen. Dazu Kompott und Erdbeeren.

Zubereitungszeit: 25 Minuten
(Zeit zum Abkühlen: mind. 1 Stunde)
Pro Portion etwa 17g E, 13g F, 40g KH = 370 kcal (1540 kJ)

Kochen mit Mikrowelle und Herd

2. MENÜ

Vorspeise
Champignons, gefüllt mit eine Farce aus gehackten Pilzen, Kräutern und Käse. Dazu: Tomaten-Feldsalat

Hauptgericht
Kasseler mit Apfelsauce, dazu warmer Krautsalat mit Speck und pikantes Kartoffelpüree mit Meerrettich

Dessert
Feiner Nußpudding aus gemahlenen Haselnüssen, Zwieback und Schlagsahne. Dazu: mit Amaretto gewürzte Sahne

Die gefüllten Champignons sind in der Mikrowelle in zehn Minuten fertig, das mit Knoblauch, Wacholder und Senf gewürzte Kasseler – im ganzen gegart – braucht knapp 20 Minuten. ***Rezepte Seite 173***

Der Nußpudding wird portionsweise in Tassen zubereitet: Man füllt die Masse ein und stellt die Tassen kreisförmig in das Mikrowellengerät. Nach sieben Minuten ist der Nachtisch fertig. Rezept rechts

Gefüllte Champignons

Für 4 Portionen:
8 große Champignons (ca. 500 g)
1 kleine Zwiebel, 1 Knoblauchzehe
1 Bund Petersilie
2 Eier, 3 El Schlagsahne
Pfeffer, Salz, gemahlener Koriander
100 g Gouda, 1/8 l Weißwein

1. Champignons waschen, die Stiele herausdrehen und fein hacken. Zwiebel pellen und würfeln, Knoblauch pellen und durch die Presse drücken, Petersilie fein hacken.

2. Champignonstiele, Zwiebel, Knoblauch, Petersilie, Eier und Sahne mischen, mit Pfeffer, Salz und Koriander würzen.

3. Masse in die Champignonköpfe füllen. Käse raspeln und darüberstreuen. Champignons kreisförmig in eine große runde Form setzen (die Mitte freilassen) und den Wein dazugießen.

4. Im Mikrowellengerät bei 600 Watt zugedeckt 10 Minuten garen. Mit gemischtem Salat servieren.

Vorbereitungszeit: 15 Minuten
Garzeit: 10 Minuten
Pro Portion etwa 14 g E, 14 g F, 2 g KH = 222 kcal (927 kJ)

Kasseler

Für 4 Portionen:
750 g Kasseler ohne Knochen
1 Knoblauchzehe
1 El Wacholder, 1 El Senf
Pfeffer a.d. Mühle
1 El Öl

1. Kasseler mit einem scharfen Messer rautenförmig einkerben. Knoblauchzehe und Wacholder zerdrükken, mit Senf, Pfeffer und Öl mischen, Kasseler damit einreiben.

2. Mit der Fettseite nach unten bei 600 Watt zugedeckt 12 Minuten garen. Das Fleisch dann wenden und offen nochmals 7 Minuten garen.

Vorbereitungszeit: 10 Minuten
Garzeit: 19 Minuten
Pro Portion etwa 42 g E, 36 g F, 0 g KH = 507 kcal (2126 kJ)

Apfelsauce

Für 4 Portionen:
500 g Äpfel
1 Tl Zitronensaft
3 El Zucker
2 El Butter oder Margarine

1. Äpfel schälen und vierteln, entkernen, Viertel in dünne Scheiben schneiden und in Zitronenwasser geben, damit sie sich nicht verfärben.

2. Den Zucker in einer Keramikform bergartig aufhäufen, die Butter oder Margarine darübergeben und bei 600 Watt 3 Minuten erhitzen. Nach der Hälfte der Zeit einmal umrühren.

3. Äpfel abtropfen lassen und einrühren. Im geschlossenen Topf bei 600 Watt 4 Minuten garen. Kalt stellen, kurz vor dem Servieren nochmals gut durchrühren.

Vorbereitungszeit: 10 Minuten
Garzeit: 7 Minuten
Pro Portion etwa 0 g E, 5 g F, 24 g KH = 145 kcal (603 kJ)

Warmer Krautsalat

Für 4 Portionen:
600 g Weißkohl
1 Tl Salz
100 g durchwachsener Speck
10 El Weißweinessig
Pfeffer a.d. Mühle
1 Tl Kümmel
1 Knoblauchzehe
10 El Öl

1. Weißkohl vierteln, in feine Streifen schneiden. Mit dem Salz in eine Schüssel geben und mit der Hand oder Stampfer etwa 5 Minuten stampfen, bis der Kohl Wasser zieht.

2. Speck würfeln und in einer Schüssel bei 600 Watt 1 1/2 Minuten erhitzen. Speck herausnehmen.

3. Speckfett mit Essig, Pfeffer, Kümmel, zerdrücktem Knoblauch und Öl mischen. Sauce bei 600 Watt 1 Minute erhitzen, dann über den Kohl geben und untermischen. Speckwürfel zugeben und alles 30 Minuten durchziehen lassen.

4. Kurz vor dem Servieren bei 600 Watt 3 Minuten erwärmen.

Vorbereitungszeit: 20 Minuten
Garzeit: etwa 5 Minuten
Pro Portion etwa 4 g E, 47 g F, 4 g KH = 469 kcal (1962 kJ)

Meerrettich-Kartoffel-Püree

Für 4 Portionen:
1 kg mehlige Kartoffeln, Salz
1 El Butter oder Margarine
1 El Meerrettich (gerieben)
Pfeffer a.d. Mühle
1 Becher Schlagsahne (250 g)

1. Kartoffeln schälen, vierteln und in Salzwasser 20 Minuten kochen. Abgießen und heiß durch die Kartoffelpresse drücken. Butter oder Margarine, Meerrettich, Pfeffer und Salz zugeben.

2. Deckel von Sahnebecher abziehen, Becher bei 600 Watt 1 1/2 Minuten erhitzen, dann die heiße Sahne mit dem Schneebesen unter die zerdrückten Kartoffeln schlagen, abschmecken.

Vorbereitungszeit: 15 Minuten
Garzeit: 20 Minuten
Pro Portion etwa 5 g E, 22 g F, 34 g KH = 361 kcal (1512 kJ)

Nußpudding

Für 4 Portionen:
85 g Butter oder Margarine
2 El Zucker, 25 g Puderzucker
3 Eigelb, 150 g Haselnüsse
60 g Zwieback, 250 ml Schlagsahne
1 Pk. Vanillinzucker
3 Eiweiß, 4 El Amaretto

1. 25 g Butter oder Margarine in einer Tasse bei 600 Watt 30 Sekunden erhitzen. 8 Tassen damit auspinseln, Tassen zuckern.

2. Restliches Fett mit dem Puderzukker verrühren, dann die Eigelb unterrühren, bis die Masse hell wird.

3. Nüsse sehr fein hacken oder mahlen, in einer trockenen Pfanne anrösten. Zwieback mit 1/8 l Sahne bedecken und ausquellen lassen. Eimasse mit Nüssen, Zwieback samt Sahne und Vanillinzucker verrühren. Eiweiß steif schlagen, unter die Nußmasse heben. In die Tassen füllen.

4. Tassen kreisförmig im Mikrowellengerät aufstellen und bei 600 Watt 7 Minuten garen, stürzen.

5. Restliche Schlagsahne halbsteif schlagen, mit Amaretto abschmekken und zu den Puddings servieren.

Vorbereitungszeit: 20 Minuten
Garzeit: 7 Minuten
Pro Portion etwa 15 g E, 66 g F, 33 g KH = 819 kcal (3432 kJ)

Kochen mit Mikrowelle und Herd

3. MENÜ

Vorspeise
Feine Fischsuppe aus Hummerkrabben und Jakobsmuscheln, im eigenen Saft gegart, mit Safran und Pernod gewürzt

Hauptgericht
Lammragout mit Rosmarin und Balsamessig, dazu gefüllte Kartoffeln und Fenchelgemüse mit Parmesan

Dessert
Pflaumengratin mit Vanilleeis und gerösteten Mandelblättchen, dazu eine Amaretto-Hollandaise

Für die Suppe werden die Hummerkrabben und Muscheln und die Brühe in der Mikrowelle getrennt erhitzt. Das Lammragout, in der Mikrowelle gegart, ist nach etwa 20 Minuten fertig. Rezepte auf Seite 177

Das Gratin wird in der Mikrowelle mit Zimt und Zucker überkrustet, in der Mikrowelle werden auch die Mandelblättchen geröstet und die süße Hollandaise zubereitet.
Rezept rechts

Feine Fischsuppe

Für 4 Portionen:
4 Hummerkrabben (ca. 150 g)
4 Jakobsmuscheln (ca. 125 g)
20 g Butter oder Margarine
1 Glas Fischfond (400 ml)
1 Beutel Safran
1/8 l Schlagsahne
Salz
1 El Pernod

1. Hummerkrabben schälen, den Darm herauslösen, Krabben in Stükke schneiden. Jakobsmuscheln, wenn nötig, aus den Schalen lösen, waschen, Corail (roten Rogen) ablösen, Muscheln quer halbieren.

2. Butter oder Margarine bei 600 Watt 30 Sekunden zerlassen. Krabben und Muscheln auf vier Suppentassen verteilen, mit dem Fett einpinseln. Tassen mit Folie verschließen.

3. Fischfond mit Safran, Sahne und Salz verrühren und bei 600 Watt 3 Minuten erhitzen. Mit Pernod abschmecken.

4. Tassen mit Hummerkrabben und Jakobsmuscheln in das Mikrowellengerät stellen. Bei 600 Watt 2 Minuten erhitzen. Tassen herausnehmen, Folien abnehmen, Fischsuppe darübergießen, heiß servieren.

Vorbereitungszeit: 10 Minuten
Garzeit: etwa 5 Minuten
Pro Portion etwa 7 g E, 14 g F, 1 g KH = 179 kcal (752 kJ)

Lammragout mit Balsamessig

Für 4 Portionen:
50 g Butter oder Margarine
2 kleine Zwiebeln
500 g Lammkeule (gewürfelt)
1 El Mehl
1 El Balsamessig
300 ml Hähnchenfond
(oder klare Hühnerbrühe)
1 kleiner Rosmarinzweig
Pfeffer a.d. Mühle
Salz

1. Butter oder Margarine in einem Gefäß bei 600 Watt 1 Minute erhitzen. Zwiebeln pellen, achteln und zugeben. Bei 600 Watt 2 Minuten garen.

2. Lammfleisch unterrühren, Gefäß schließen und alles bei 600 Watt 7 Minuten garen. Mehl und Essig unterrühren.

3. Brühe bei 600 Watt erhitzen, über das Fleisch geben. Rosmarinzweig zugeben, alles geschlossen nochmals 10 Minuten bei 600 Watt garen.

4. Mit Pfeffer und Salz abschmekken.

Vorbereitungszeit: 5 Minuten
Garzeit: 21 Minuten
Pro Portion etwa 26 g E, 27 g F, 3 g KH = 377 kcal (1547 kJ)

Gefüllte Kartoffeln

Für 4 Portionen:
4 große Kartoffeln (ca. 600 g)
100 g Crème double
20 g Butter oder Margarine
Pfeffer a.d. Mühle
Salz

1. Kartoffeln gründlich waschen. Einen Teller mit Küchenpapier auslegen, die Kartoffeln darauf kreisförmig anordnen, mit Küchenpapier abdecken und bei 600 Watt 12–14 Minuten garen.

2. Von den Kartoffeln Kappen abschneiden, das Innere mit einem Teelöffel herauskratzen, ohne die Seitenwände zu beschädigen. Masse mit Crème double, Butter oder Margarine, Pfeffer und Salz cremig rühren.

3. In einen Spritzbeutel mit Sterntülle füllen und in die Kartoffeln spritzen. Kurz vor dem Servieren in der Mikrowelle nochmals 1 Minute bei 600 Watt erwärmen.

Vorbereitungszeit: 15 Minuten
Garzeit: etwa 14 Minuten
Pro Portion etwa 3 g E, 15 g F, 19 g KH = 230 kcal (963 kJ)

Fenchelgemüse

Für 4 Portionen:
750 g Fenchel (kleine Knollen)
50 g Butter oder Margarine
Salz, Pfeffer a.d. Mühle
1 El Zitronensaft
3 El Parmesan (frisch gerieben)

1. Fenchel putzen und achteln, Grün hacken und aufbewahren.

2. Butter oder Margarine offen bei 600 Watt 30 Sekunden zerlassen, den Fenchel darin wenden und kreisförmig auf einem Teller anordnen. Mit Folie verschließen und bei 600 Watt 13–14 Minuten garen.

3. Salzen, pfeffern, mit Zitronensaft beträufeln, mit Parmesan bestreuen und das gehackte Fenchelgrün darüber verteilen.

Vorbereitungszeit: 10 Minuten
Garzeit: etwa 14 Minuten
Pro Portion etwa 9 g E, 14 g F, 16 g KH = 228 kcal (954 kJ)

Pflaumengratin mit Vanilleeis und Amaretto-Hollandaise

Für 4 Portionen:
25 g Mandelblättchen
750 g Pflaumen oder Zwetschgen
30 g Zucker, 1 Msp. Zimt
2 Eigelb, 3 cl Amaretto (ital. Likör)
1 Tl Zitronensaft, 100 g Butter
250 ml Vanilleeis

1. Mandelblättchen bei 600 Watt 2 Minuten rösten, beiseite stellen.

2. Pflaumen waschen, entsteinen und auf vier kleine, flache Förmchen verteilen. Mit Zucker und Zimt bestreuen.

3. Abdecken und bei 600 Watt 3–4 Minuten garen.

4. Eigelb mit Amaretto und Zitronensaft verschlagen. Butter bei 600 Watt in 1 1/2 Minuten zerlassen.

5. Eimasse bei 600 Watt 15–30 Sekunden stocken lassen, mit dem Schneebesen sehr gut durchschlagen. Tropfenweise unter ständigem Schlagen die Butter unterrühren.

6. Eis auf die Pflaumen verteilen. Sauce und Mandeln darübergeben.

Vorbereitungszeit: 30 Minuten
Garzeit: etwa 7 Minuten
Pro Portion etwa 5 g E, 32 g F, 36 g KH = 486 kcal (2032 kJ)

Kochen mit Mikrowelle und Herd

4. MENÜ

Vorspeise
Klare Gänsesuppe, auf Gänseklein gekocht, mit Brandteigklößchen und Möhren- und Porreestreifen

Hauptgericht
Gefüllter Karpfen, auf südfranzösische Art unter einem Bett aus Porree und Pilzen im eigenen Saft gegart

Dessert
Birnen, in Rotwein mit Gewürzen gar gezogen, mit selbstgemachtem Krokant eiskalt serviert

Die Brühe für die Gänsesuppe wird am Vortag in der Mikrowelle zubereitet. Der Karpfen ist in der Mikrowelle in 15 Minuten fertig, die Salzkartoffeln gart man auf der Kochstelle. *Rezepte auf Seite 181*

Die Birnen werden in der Mikrowelle in einem Sud aus Rotwein, Crème de Cassis und Gewürzen gedünstet und dann kaltgestellt. Der Walnußkrokant braucht in der Mikrowelle nur 3 Minuten. Rezept rechts

Gänsesuppe mit Klößchen

Für 4 Portionen:
1 kg Gänseklein
2 Möhren, 1 Porreestange (250 g)
1 Petersilienwurzel
1 Zwiebel, 1 Knoblauchzehe
2 Lorbeerblätter
1 Tl schwarze Pfefferkörner, 1/8 l Milch
25 g Butter oder Margarine
100 g Mehl, 1 Ei
Pfeffer a.d. Mühle, Salz
Muskat (frisch gerieben)

1. Gänseklein waschen und in eine genügend große Schüssel geben. Möhren putzen und waschen, 1 Möhre grob schneiden und zum Gänseklein geben. Porree putzen und waschen, 150 g in groben Stükken zum Gänseklein geben. Petersilienwurzel putzen, waschen, in Stükke schneiden und ebenfalls zugeben. Zwiebel halbieren und zusammen mit Knoblauchzehe, Lorbeerblättern und Pfefferkörnern zugeben.

2. 3/4 l Wasser zugießen, das Gefäß schließen und bei 600 Watt 15 Minuten kochen. Brühe durch ein Sieb in ein anderes Gefäß geben und am besten über Nacht abkühlen lassen.

3. Am nächsten Tag 1 El Fett von der Brühe abnehmen, restliches Fett anderweitig verwenden.

4. Restliche Möhre und restlichen Porree in feine Streifen schneiden und in dem Gänsefett bei 600 Watt 3 Minuten dünsten, beiseite stellen.

5. Milch mit der Butter oder Margarine bei 600 Watt in einer großen Schüssel 2 Minuten erhitzen. Dann das gesamte Mehl hineinschütten und mit einem Kochlöffel kräftig rühren, bis sich ein glatter Kloß bildet. Das Ei unterrühren, mit Pfeffer, Salz und Muskat würzen.

6. Mit 2 Teelöffeln kleine Klößchen abstechen. Eine Hälfte zur späteren Verwendung einfrieren oder kühl stellen. (Man kann keine kleineren Mengen Brandteig herstellen).

7. Suppe salzen und bei 600 Watt in 4 Minuten zum Kochen bringen. Klößchen hineingeben und bei 600 Watt 4 Minuten garen. Gemüse zur Suppe geben, abschmecken, nochmals 1 Minute bei 600 Watt erwärmen, auf vier Teller verteilen.

Vorbereitungszeit: 20 Minuten
Garzeit: etwa 30 Minuten
Pro Portion etwa 6 g E, 14 g F, 22 g KH = 244 kcal (1021 kJ)

Gefüllter Karpfen

Für 4 Portionen:
40 g getrocknete Waldpilze (Steinpilze, Pfifferlinge, Herbsttrompeten)
3 Schalotten
250 g Porree
75 g Butter oder Margarine
2 Scheiben Toastbrot
2 cl Weißwein
2 El Crème double
Pfeffer a.d. Mühle
Salz
Cayennepfeffer
1 Bund glatte Petersilie
1 Karpfen (ca. 1 kg)

1. Waldpilze in warmem Wasser einweichen. Schalotten pellen und fein würfeln. Porree putzen, waschen und fein würfeln. Beides zusammen in 25 g Butter oder Margarine bei 600 Watt 2 Minuten andünsten.

2. Pilze hacken, ausdrücken, zugeben und weitere 2 Minuten dünsten. Toastbrot entrinden, würfeln und mit dem Wein übergießen. Wein einziehen lassen, dann das Brot zwischen den Fingern zerreiben und mit 2/3 der Porree-Pilz-Mischung verrühren. Crème double, Pfeffer, Salz und Cayenne zugeben. Petersilie hacken und unter beide Mischungen ziehen.

3. Karpfen waschen, trocknen und innen und außen kräftig salzen. Mit einem Teil der Porree-Brot-Mischung füllen.

4. Eine tiefe Platte mit der Porree-Pilz-Mischung auslegen, den Karpfen darauflegen. Mit der restlichen Füllung bestreichen.

5. Restliche Butter oder Margarine in Flöckchen auf den Karpfen setzen. Platte mit Folie abdecken und den Karpfen bei 600 Watt etwa 15 Minuten garen.
Dazu passen Salzkartoffeln.

Vorbereitungszeit: 60 Minuten
Garzeit: 15 Minuten
Pro Portion ca. 28 g E, 26 g F, 13 g KH = 419 kcal (1755 kJ)

Rotwein-Birnen mit Krokant

Für 4 Portionen:
200 g Puderzucker
30 g Butter
50 g Walnußkerne
1 El Öl
4 kleine Birnen
1 El Zitronensaft
3/8 l Rotwein
2 El Crème de Cassis (Likör von schwarzen Johannisbeeren)
1 Vanillestange
1 Gewürznelke
2 Pfefferkörner

1. 100 g Puderzucker mit 1 El Wasser glattrühren. Die Butter in Flöckchen daraufsetzen. Bei 600 Watt 1 Minute erhitzen, umrühren und nochmals 2 Minuten erhitzen, durchrühren.

2. Walnüsse hacken, unterrühren und die Masse auf einem geölten Teller erkalten lassen. Dann in Stücke brechen oder hacken.

3. Birnen schälen und mit Zitronensaft einreiben.

4. Restlichen Puderzucker mit Rotwein, Cassis und den Gewürzen verrühren, einen Spritzer Zitronensaft zugeben und offen bei 600 Watt 10 Minuten einkochen lassen.

5. Birnen mit einer Gabel rundherum einstechen, in den Wein legen und etwa 10 Minuten dünsten, dabei einmal wenden. (Die Garzeit kann je nach Birnensorte nach oben oder unten differieren, deshalb ist es besser, hin und wieder zu prüfen, ob die Früchte schon weich sind.)

6. Birnen im Sud erkalten lassen, dabei gelegentlich mit Sud überschöpfen. Mit dem Krokant servieren.

Vorbereitungszeit: 20 Minuten
Garzeit: ca. 13 Minuten
Pro Portion ca. 3 g E, 17 g F, 68 g KH = 500 kcal (2091 kJ)

Kochen mit Mikrowelle und Herd

5. MENÜ

Vorspeise
Pilzterrine aus Gänseleberpüree, Champignons, Pfifferlingen und Morcheln. Dazu: Lollo-rosso-Salat

Hauptgericht
Kaninchenkeulen, in provenzalischen Kräutern mariniert, mit Leber-Senf-Sauce. Dazu: frische Bandnudeln

Dessert
Amerikanischer Schokoladenkuchen mit kandierten Rosenblättern und lauwarmer Mokkasahne

Für die Terrine werden die Brühe und die Pilze in der Mikrowelle gegart. Die marinierten Kaninchenkeulen werden in Milch gelegt, sie sind in der Mikrowelle in 20 Minuten fertig.
Rezepte Seite 185

Christofle

Der Schokoladenkuchen wird in einer Kastenform in der Mikrowelle in 12 Minuten gegart. Man läßt ihn über Nacht auskühlen. Für die Mokkasahne schmilzt man die Schokolade in 1 Minute in der Mikrowelle. Rezept rechts

Pilzterrine

Für 6–8 Portionen:
9 Blatt weiße Gelatine
1 Knoblauchzehe, 1 Tl Pfefferkörner
1 Lorbeerblatt, 1 Thymianzweig
1 Tl Korianderkörner
10 g getrocknete Morcheln
150 g Champignons
200 g Pfifferlinge (evtl. aus der Dose)
3 Tl Öl
1 Dose Gänseleberpüree (320 g EW)
Salz, 1/2 Kopf Lollo rosso
Pfeffer a. d. Mühle
2 El Weißweinessig
4 El Walnußöl

1. Gelatine einweichen. 1/2 l Wasser mit der geschälten Knoblauchzehe, den Pfefferkörnern, Lorbeer, Thymian und Koriander im Mikrowellengerät bei 600 Watt 10 Minuten kochen lassen. Gelatine ausdrücken, Gewürzbrühe durch ein Sieb darübergießen, verrühren.

2. Morcheln in 1/8 l warmem Wasser einweichen. Champignons und Pfifferlinge waschen, putzen und in kleine Stücke schneiden. Morcheln ausdrücken und in Stücke schneiden, Morchelwasser durch ein Filterpapier zur Gewürzbrühe geben.

3. Die Pilze mit 3 Tl Öl bei 600 Watt 5 Minuten garen, die entstandene Flüssigkeit zur Gewürzbrühe geben, Pilze beiseite stellen.

4. Gänseleberpüree mit dem Schneidstab des Handrührers in die Brühe einarbeiten, bis eine glatte Masse entstanden ist, mit Salz abschmecken. Pilze hineingeben.

5. Eine Pastetenform mit kaltem Wasser ausspülen, die Masse hineingießen und mindestens 12 Stunden kalt stellen. Terrine zum Servieren stürzen und in Scheiben schneiden.

6. Für den Salat die Lollo-rosso-Blätter waschen und zerzupfen. Salz, Pfeffer, Essig und Öl verrühren, die Salatblätter darin wenden und auf die Teller verteilen.

Vorbereitungszeit: 30 Minuten
Garzeit: 5 Minuten
Zeit zum Durchkühlen: etwa 12 Stunden
Pro Portion (bei 8 Portionen) etwa 8 g E, 18 g F, 1 g KH = 208 kcal (867 kJ)

Kaninchen in Leber-Senf-Sauce

Für 4 Portionen:
4 Kaninchenkeulen (ca. 1 kg)
1 Kaninchenleber
1 El getrocknete provenzalische Kräutermischung
1–2 Tl grober Pfeffer
2 Knoblauchzehen
2 El trockener Wermut
1 El Olivenöl
1/4 l Milch
20 g Butter oder Margarine
10 g Mehl
2 Tl Dijon-Senf
Pfeffer a. d. Mühle
Salz

1. Obere Knochen der Kaninchenkeulen ablösen, Fett und Haut abtrennen, Fleisch waschen und trocknen. Leber putzen und beiseite stellen.

2. Kräuter, Pfeffer, zerdrückten Knoblauch, Wermut und Olivenöl verrühren und die Keulen damit einreiben. 15 Minuten marinieren.

3. Kaninchenkeulen in der Schüssel in das Mikrowellengerät stellen und bei 600 Watt 5 Minuten vorgaren. Dann die Milch zugießen und nochmals 7 Minuten bei 600 Watt garen. Keulen wenden und nochmals 7 Minuten garen.

4. Butter oder Margarine bei 600 Watt 30 Sekunden zerlassen, Mehl einrühren und 1 Minute bei 600 Watt erhitzen. Milch durch ein Sieb dazugießen, 1 Minute bei 600 Watt erhitzen.

5. Leber zur Sauce geben, mit dem Schneidstab des Handrührers in der Sauce pürieren. Mit Senf, Pfeffer und Salz würzen und bei 600 Watt 20 Sekunden erhitzen. Sauce über das Fleisch gießen und nochmals 30 Sekunden bei 600 Watt erhitzen.
Dazu passen frische Bandnudeln.

Vorbereitungszeit: 30 Minuten
Garzeit: etwa 22 Minuten
Pro Portion etwa 43 g E, 22 g F, 3 g KH = 413 kcal (1726 kJ)

Amerikanischer Schokoladenkuchen mit Mokkasahne

Für 6–8 Portionen:
250 g Butter oder Margarine
250 g bittere Schokolade
150 g Puderzucker
1 El Mehl
Salz
5 Eier
1 Becher Schlagsahne (250 g)
50 g Mokkaschokolade
1 El Instant-Kaffeepulver
kandierte Rosenblätter oder Zuckerkugeln zur Dekoration

1. Butter oder Margarine und Schokolade bei 600 Watt 2–3 Minuten zerlassen, dann gut verrühren. Puderzucker, Mehl und eine Prise Salz zugeben. Eier unterrühren.

2. Eine Kastenform aus Kunststoff, Glas oder Keramik mit Pergamentpapier auslegen und die Schokoladenmasse hineinstreichen. Mit Pergamentpapier abdecken und bei 600 Watt 12 Minuten garen.

3. Über Nacht kalt stellen, dann stürzen und in Scheiben schneiden.

4. Für die Sauce 2 El Schlagsahne mit der in Stücke gebrochenen Mokkaschokolade und dem Kaffeepulver bei 600 Watt 1 Minute zerlassen. Restliche Sahne halbsteif schlagen und die Mokkamasse einrühren.

5. Teller mit der Sauce begießen, Schokoladenkuchen darauflegen und mit kandierten Rosenblättern oder bunten Zuckerkugeln garnieren.

Vorbereitungszeit: 15 Minuten
Garzeit: 15 Minuten
Zeit zum Durchkühlen: etwa 12 Stunden
Pro Portion (bei 8 Portionen) etwa 9 g E, 51 g F, 42 g KH = 681 kcal (2850 kJ)

Kochen mit Mikrowelle und Herd

6. MENÜ

Vorspeise
Kleine, in Essigwasser gegarte Artischocken. Dazu eine Vinaigrette, die mit mildem Roquefort abgeschmeckt ist.

Hauptgericht
Lamm in der Salzkruste, gewürzt mit Rosmarin und Lorbeer. Dazu: kleine Bratkartoffeln, Sahnemöhren und eine Hollandaise.

Dessert
In Tokajer marinierte grüne und blaue Trauben mit einer warmen Creme aus Eiern, Puderzucker und Tokajer.

Die Artischocken werden in der Mikrowelle mit wenig Wasser gegart und sind in 25 Minuten fertig. Die Lammfilets werden in Salzteig gewickelt und sind nach 10 Minuten gar, zart und saftig. Rezepte Seite 189

Für den Traubensalat werden die Trauben halbiert und entkernt. Die Creme bereitet man in 1 1/2 Minuten in der Mikrowelle zu. Dazu ein Gläschen Tokajer – natürlich von derselben Sorte, die man fürs Dessert verwendet hat. Rezept rechts

Artischocken mit Roquefort-Vinaigrette

Für 4 Portionen:
4 kleine Artischocken (à ca. 200 g)
Salz, 1/2 Tl Essig
4 El Weißweinessig
Pfeffer a. d. Mühle, 8 El Öl
75 g milder Roquefort

1. Artischocken waschen, die Stiele abbrechen. Artischocken mit 1/8 l Wasser, Salz und 1/2 Tl Essig in ein rundes Gefäß geben, gut abdecken und bei 600 Watt 10 Minuten garen. Dann bei 360 Watt nochmals 15 Minuten weitergaren.

2. Die 4 El Essig, Salz, Pfeffer und Öl verschlagen und gleichmäßig auf 4 Teller verteilen.

3. Roquefort durch ein Sieb streichen und in die Vinaigrette geben.

4. Artischocken heiß oder kalt in der Vinaigrette servieren.

Vorbereitungszeit: 13 Minuten
Garzeit: 25 Minuten
Pro Portion ca. 6 g E, 30 g F, 9 g KH = 339 kcal (1419 kJ)

Lammfilets in der Salzkruste

Für 4 Portionen:
450 g Lammrückenfilet in 2 Stücken (vom Schlachter ausgelöst aus einem ca. 1,5 kg schweren Stück Lammrücken)
1 El Öl, 500 g grobes Salz
400 g Mehl, 6 Eiweiß
je 1 Zweig Lorbeer und Rosmarin

1. Fleisch in dem Öl von jeder Seite knapp anbraten, beiseite stellen.

2. Aus Salz, Mehl und Eiweiß mit der Hand einen glatten Teig kneten und ausrollen. Eine längliche Glas- oder Porzellanform mit einem Teil des Salzteiges auslegen.

3. Die Filets darauflegen, die Zweige darauf verteilen. Mit dem restlichen Teig bedecken, Teig gut andrücken.

4. Im Mikrowellengerät bei 600 Watt 10-12 Minuten garen, dann stehenlassen, bis die Lorbeer-Hollandaise (s. Rezept rechts) fertig ist.

5. Kruste öffnen, Fleisch in Scheiben schneiden.

Vorbereitungszeit: 35 Minuten
Garzeit: 10-12 Minuten
Pro Portion ca. 22 g E, 8 g F, 0 g KH = 168 kcal (700 kJ)

Möhren-Gemüse

Für 4 Portionen:
500 g Möhren
1 El Butter oder Margarine
Salz
Pfeffer a. d. Mühle
3 El Schlagsahne
1 Bund glatte Petersilie

1. Möhren putzen, waschen und in feine Scheiben schneiden.

2. In der Butter oder Margarine glasig werden lassen, mit Salz und Pfeffer würzen und im geschlossenen Topf 15 Minuten schmoren. Sahne zugießen, Petersilie hacken und untermischen.

Vorbereitungszeit: 10 Minuten
Garzeit: 15 Minuten
Pro Portion ca. 1 g E, 8 g F, 6 g KH = 100 kcal (422 kJ)

Knoblauch-Rosmarin-Kartoffeln

Für 4 Portionen:
750 g kleine Kartoffeln
Salz
2 El Olivenöl
1 Knoblauchzehe
einige Rosmarinnadeln
grober Pfeffer

1. Kartoffeln in leicht gesalzenem Wasser 15 Minuten kochen, abgießen und pellen, erkalten lassen.

2. In einer großen Pfanne das Öl erhitzen. Knoblauchzehe pellen und durch die Presse in das Öl geben. Kartoffeln und Rosmarin zugeben.

3. Kartoffeln in der Pfanne bei milder Hitze unter gelegentlichem Rütteln 20-30 Minuten braten.

Vorbereitungszeit: 30 Minuten
Garzeit: 35-40 Minuten
Pro Portion ca. 3 g E, 6 g F, 23 g KH = 161 kcal (674 kJ)

Lorbeer-Hollandaise

Für 4 Portionen:
1/8 l Weißwein
3 Lorbeerblätter
1/2 Tl Essig
125 g Butter
3 Eigelb
Pfeffer a. d. Mühle, Salz

1. Weißwein mit Lorbeerblättern und Essig in einer Rührschüssel bei 600 Watt 3 Minuten offen einkochen. Lorbeerblätter herausnehmen.

2. Butter in einem kleinen Krug bei 600 Watt 30 Sekunden offen erhitzen, beiseite stellen.

3. Eigelb in den Wein rühren, bei 600 Watt 30 Sekunden offen erhitzen, gut durchschlagen. Dann unter ständigem Schlagen mit dem Schneebesen die flüssige Butter unterziehen. Mit Pfeffer und Salz abschmecken.

Vorbereitungszeit: 5 Minuten
Garzeit: 4 Minuten
Pro Portion ca. 3 g E, 31 g F, 0 g KH = 321 kcal (1342 kJ)

Tokajer-Creme mit Trauben

Für 4 Portionen:
250 g grüne Trauben
250 g blaue Trauben
1/8 l + 2 El Traubensaft (weiß)
2 El Zitronensaft
4 El Puderzucker
1/8 l + 2 El ungarischer Tokajer
2 Eier (Gew.-Klasse 2)
1 El Speisestärke

1. Trauben waschen, halbieren und entkernen. 2 El Traubensaft, Zitronensaft, 2 El Puderzucker und 2 El Tokajer verrühren und die Trauben darin gut durchziehen lassen.

2. Eier mit Stärke, restlichem Tokajer, restlichem Traubensaft und 2 El Puderzucker gut verschlagen.

3. Schüssel mit der Masse im Mikrowellengerät bei 600 Watt 30 Sekunden erhitzen. Herausnehmen, durchschlagen, nochmals 1 Minute erhitzen, durchschlagen und abschmekken. Warm in kleine Schüsseln verteilen, mit den Trauben garnieren.

Vorbereitungszeit: 30 Minuten
Garzeit: 1 1/2 Minuten
Pro Portion ca. 5 g E, 4 g F, 37 g KH = 243 kcal (1014 kJ)

Kochen mit Mikrowelle und Herd

7. MENÜ

Vorspeise
Petersiliensuppe – am aromatischsten mit Sommerpetersilie – mit dünnen Selleriescheiben und Crème fraîche

Hauptgericht
Rustikale Fleischterrine mit kleinen Bratkartoffeln und einer herzhaften Salatplatte mit warmer Kernölsauce

Dessert
Himbeerspeise aus frischen Himbeeren, mit einem knusprigen Nußboden, Sahne und Karamel

Für die Suppe werden in der Mikrowelle die Petersilienblätter blanchiert und die Brühe erhitzt. Die Fleischterrine braucht in der Mikrowelle ohne Wasserbad nur 35 Minuten. Rezepte Seite 193

Für die Himbeerspeise wird in der Mikrowelle in 4 Minuten ein knuspriger Boden aus Zwieback und Nüssen gebacken und mit Himbeeren, Sahne und Karamel (aus der Mikrowelle) belegt. Rezept rechts

Petersilien-Suppe

Für 4 Portionen:
1 kleine Knolle junger Sellerie (ca. 150 g)
1 Tl Zitronensaft
ca. 6 Bund glatte Petersilie (etwa 200 g)
3/4 l Gemüsebrühe, 4 El Butter
Pfeffer a.d. Mühle, Salz
Muskat (frisch gerieben)
1/2 Becher Schlagsahne (125 g)
1/2 Becher Crème fraîche (100 g)

1. Sellerie schälen, in feine Scheiben schneiden, mit Zitronensaft einreiben. Mit 1 El Wasser bei 600 Watt ca. 4 Minuten garen, beiseite stellen.

2. Petersilie waschen, trockenschleudern und von den Stielen zupfen. Petersilienstiele mit der Gemüsebrühe in einem Topf bei 600 Watt zugedeckt 3 Minuten garen.

3. Die noch feuchten Petersilienblätter zugedeckt bei 600 Watt 2 Minuten blanchieren, mit kaltem Wasser abschrecken. Dann mit 1 El Butter bei 600 Watt 1 Minute andünsten.

4. Brühe durch ein Sieb dazugießen nochmals 3 Minuten bei 600 Watt offen kochen. Mit dem Schneidstab des Handrührers pürieren. Restliche Butter in kleinen Stücken unterschlagen, Suppe mit Pfeffer, Salz und Muskat abschmecken.

5. Sahne steif schlagen, Crème fraîche vorsichtig unterheben. Sellerie nochmals 1 Minute bei 600 Watt erhitzen, in vier Suppenteller verteilen, die Suppe darauffüllen. Mit je einem Klecks Sahne verzieren.

Vorbereitungszeit: 45 Minuten
Garzeit: 14 Minuten
Pro Portion etwa 3 g E, 28 g F, 4 g KH = 288 kcal (1208 kJ)

Salatplatte mit warmer Kernölsauce

Für 4 Portionen:
2 Fleischtomaten (ca. 450 g)
1 Bund Frühlingszwiebeln
1/2 Kopf Lollo rosso
1 kleine Dose Bohnenkerne (340 g EW)
1 kleine Dose Linsen (340 g EW)
2 El Essig, Salz,
Pfeffer a.d. Mühle, 7 El Pflanzenöl
1 Knoblauchzehe, 1 Zwiebel
4 El Gemüsebrühe (Instant)
4 El Aceto balsamico (Balsamessig)
4 El Kürbiskernöl

1. Tomaten kreuzweise einritzen, die Blütenansätze herausschneiden und die Tomaten mit kochendem Wasser überbrühen. Abschrecken, pellen und in Scheiben schneiden.

2. Frühlingszwiebeln putzen, waschen und schräg in Scheiben schneiden. Lollo rosso waschen, trockenschleudern und in mundgerechte Stücke teilen. Bohnen und Linsen abspülen, abtropfen lassen.

3. Essig mit Salz, Pfeffer und 3 El Öl verrühren, Linsen und Bohnen darin marinieren.

4. Knoblauchzehe pellen und durch die Presse drücken, Zwiebel pellen, fein würfeln. Zusammen mit der Gemüsebrühe und Balsamessig bei 600 Watt 2 Minuten erhitzen, das restliche Pflanzenöl und das Kernöl zugeben.

5. Gemüse auf einer Platte anrichten, die warme Sauce dazu servieren.

Vorbereitungszeit: 60 Minuten
Garzeit: 2 Minuten
Pro Portion etwa 17 g E, 34 g F, 42 g KH = 570 kcal (2385 kJ)

Rustikale Fleischterrine

Für 4 Portionen:
1 Zwiebel, 1 Knoblauchzehe
250 g Jungrindleber
40 g Schweineschmalz
500 g Schweinenacken
125 g grüner (ungeräucherter) Speck
125 g fetter Räucherspeck
3 Eier
1/4 l Schlagsahne
Pfeffer a.d. Mühle
Salz, 1 El Senf
Piment (gemahlen), Thymian
175 g Pökelzunge im Stück
65 g Pistazien (feingehackt)

1. Zwiebel und Knoblauch pellen und grob würfeln. Leber waschen, putzen und in Stücke schneiden. In einer Pfanne 30 g Schmalz zerlassen, Zwiebel, Knoblauch und Leber darin anbraten, 3 Minuten weiterbraten und abkühlen lassen.

2. Fleisch und Speck in Stücke schneiden und durch die mittlere Scheibe des Fleischwolfs drehen, ebenso die erkaltete Leber mit ihrem Bratfond. Die Masse für 15 Minuten in den Gefrierschrank stellen.

3. Eier und Sahne (1 El zurückbehalten) unterrühren, mit Pfeffer, Salz, Senf, Piment und Thymian herzhaft abschmecken.

4. Zunge fein würfeln und zusammen mit den Pistazien dazugeben (10 g zurückbehalten). Einen kleinen Probekloß machen und in der Mikrowelle bei 600 Watt 1 Minute garen, dann abschmecken.

5. In einer Pastetenform aus Glas oder Keramik das restliche Schmalz bei 600 Watt 45 Sekunden zerlassen, die Form damit einpinseln. Die Masse hineinfüllen, glattstreichen und mit der restlichen Sahne einpinseln. Mit einigen gehackten Pistazien bestreuen und offen bei 360 Watt 35 Minuten garen.

6. Überschüssiges Fett abgießen und die Pastete lauwarm oder kalt in Scheiben schneiden und servieren. Dazu passen gebratene Kartoffelwürfel.

Vorbereitungszeit: 65 Minuten
Garzeit: 35 Minuten
Pro Portion etwa 58 g E, 128 g F, 5 g KH = 1463 kcal (6124 kJ)

Himbeerspeise

Für 4 Portionen:
4 Stücke Zwieback
100 g Walnüsse oder Haselnüsse
75 g Butter oder Margarine
1 Pk. Vanillinzucker
250 g Himbeeren
1 Becher Schlagsahne (250 g)
2 El Puderzucker

1. Zwieback und Nüsse hacken. Butter oder Margarine in der Mikrowelle bei 600 Watt 1 1/2 Minuten zerlassen und unter die Brösel rühren. Vanillinzucker zugeben. Die Masse in eine flache Pie-Form streichen.

2. Masse bei 600 Watt 4 Minuten in der Mikrowelle garen. In der Zwischenzeit die Himbeeren verlesen und die Sahne steif schlagen.

3. Himbeeren auf dem Nußboden verteilen, Sahne darüberstreichen.

4. In einem kleinen, hohen Gefäß den Puderzucker mit 2 El Wasser verrühren und bei 600 Watt 3 1/2 Minuten karamelisieren lassen. Den Karamel mit einem Löffel über die Sahne verteilen und sofort servieren.

Vorbereitungszeit: 35 Minuten
Garzeit: 9 Minuten
Pro Portion etwa 7 g E, 51 g F, 25 g KH = 613 kcal (2564 kJ)

Kochen mit Mikrowelle und Herd

8. MENÜ

Vorspeise
Feiner Salat aus pochiertem Hähnchenfilet, Kopfsalat, Radicchio und Chicoree. Dazu: eine pikante Mandelsauce

Hauptgericht
Im ganzen pochierte Lachsforelle mit flüssiger Dillbutter. Dazu: kleine Dillkartoffeln und Zucchini-Gemüse

Dessert
Mousse aus Mokkaschokolade und Crème de Cacao, garniert mit Muscheln oder Blättern aus Schokolade

Die Hähnchenbrustfilets für die Vorspeise werden im Kochbeutel in der Mikrowelle in 4–5 Minuten pochiert.

Auch die Lachsforelle wird in der Mikrowelle zubereitet. Garzeit: ca. 12 Minuten. *Rezepte Seite 197*

Die Mousse aus Mokkaschokolade ist besonders mild und cremig. Auch hier hilft die Mikrowelle: Man schmilzt zuerst die Schokolade und Butter und erhitzt dann die Eiersahne. Rezept rechts

Salat mit Hähnchenbrust und Mandelsauce

Für 4 Portionen:
500 g Hähnchenbrust (4 Filets)
1 El Sojasauce
75 g Mandeln (geschält)
2 Eigelb
1–2 El Meerrettich (gerieben)
1 Tl Essig, 1/8 l Öl
4 El saure Sahne
Pfeffer a. d. Mühle, Salz
1/2 Kopfsalat
1 kleiner Chicoree
1 kleiner Radicchio

1. Die Hähnchenfilets waschen, abtrocknen und in der Sojasauce wenden. In einen Kochbeutel geben, Beutel verschließen (nicht mit Metallclips!) und mehrmals anstechen. Auf einem Teller in das Mikrowellengerät geben und bei 600 Watt 4–5 Minuten garen. Im Beutel abkühlen lassen.

2. Die Mandeln in einer Tasse bei 600 Watt 3 Minuten offen rösten, dabei einmal umrühren. Abkühlen lassen. 30 g Mandeln mahlen, restliche Mandeln halbieren, beiseite stellen.

3. Eigelb mit Meerrettich und Essig verrühren und dann unter ständigem Schlagen mit den Quirlen des Handrührers das Öl untermischen. Mit saurer Sahne, Pfeffer, Salz und den gemahlenen Mandeln verrühren, abschmecken.

4. Die Salatsorten waschen, zerzupfen und auf vier Tellern anrichten. Je eine Hähnchenbrust daraufgeben, die Sauce darübergießen und mit den restlichen Mandeln garnieren.

Vorbereitungszeit: 35 Minuten
Garzeit: 7–8 Minuten
Pro Portion etwa 37 g E, 42 g F, 4 g KH = 562 kcal (2352 kJ)

Lachsforelle mit Dillbutter

Für 4 Portionen:
1 Lachsforelle (ca. 1,5 kg)
125 g Butter
1 El Limettensaft
Pfeffer a. d. Mühle
Salz, 1 Bund Dill

1. Forelle waschen, den Kopf abtrennen und die Flossen abschneiden. Fisch nochmals waschen und trokkentupfen.

2. 25 g Butter mit 1/2 El Limettensaft bei 600 Watt 30 Sekunden erhitzen, pfeffern und salzen und den Fisch innen und außen damit einpinseln. Einen Dillzweig in den Fischbauch legen, den Fisch mit dem Rücken nach oben auf eine Platte setzen.

3. Fisch abdecken und bei 600 Watt 12–15 Minuten garen. Herausnehmen.

4. Restliche Butter bei 600 Watt 2 Minuten erhitzen, dann die Molke abschöpfen. Dill hacken und zusammen mit dem restlichen Limettensaft, Pfeffer und Salz zur Butter geben. Mit dem Fisch servieren.

Vorbereitungszeit: 15 Minuten
Garzeit: 14–17 Minuten
Pro Portion etwa 48 g E, 57 g F, 0 g KH = 730 kcal (3054 kJ)

Dillkartoffeln

Für 4 Portionen:
1 Bund Dill
1 kg kleine Kartoffeln
Salz

1. Dill von den Stengeln zupfen und hacken.

2. Kartoffeln waschen und in kochendem Salzwasser mit den Dillzweigen 15 Minuten kochen. Das Wasser abgießen, Kartoffeln pellen.

3. Kartoffeln mit dem gehackten Dill mischen.

Vorbereitungszeit: 10 Minuten
Garzeit: 15 Minuten
Pro Portion etwa 4 g E, 0 g F, 30 g KH = 140 kcal (588 kJ)

Zucchini-Gemüse

Für 4 Portionen:
500 g Zucchini
30 g Butter oder Margarine
Salz
grober Pfeffer a. d. Mühle

1. Zucchini waschen, die Spitzen abschneiden. Mit einem Sparschäler der Länge nach lange Streifen von den Zucchini schneiden.

2. Zusammen mit Butter oder Margarine und Salz in ein Gefäß geben, gut verschließen und bei 600 Watt 7 Minuten garen. Dabei nach der Hälfte der Garzeit einmal mit zwei Gabeln vorsichtig durchmischen.

3. Fertige Zucchini in eine Schüssel geben und mit dem groben Pfeffer bestreuen.

Vorbereitungszeit: 10 Minuten
Garzeit: 7 Minuten
Pro Portion etwa 2 g E, 7 g F, 2 g KH = 78 kcal (328 kJ)

Mousse von Mokkaschokolade

Für 4 Portionen:
200 g Mokkaschokolade
30 g Butter oder Margarine
3 Eier (getrennt)
3 El Zucker
3 El Crème de cacao (Kakaolikör)
100 ml Schlagsahne
Schokomuscheln oder Schokoblätter zum Garnieren

1. Schokolade und Butter oder Margarine in einem geschlossenen Gefäß bei 600 Watt 4 Minuten erhitzen, herausnehmen und mit dem Schneebesen gut durchrühren.

2. Eigelb, Zucker, Crème de cacao und 2 El Sahne verrühren und offen bei 600 Watt 45 Sekunden erhitzen, durchrühren und unter die Schokomasse ziehen. Abkühlen lassen.

3. Restliche Schlagsahne und die Eiweiß steif schlagen und mit einem Teigschaber unter die Schokomasse heben. Masse in Gläser füllen und bis zum Servieren kalt stellen. Jede Portion mit den Schokoladenmuscheln oder Schokoladenblättern garnieren.

Vorbereitungszeit: 15 Minuten
Garzeit: 5 Minuten
Pro Portion etwa 12 g E, 35 g F, 39 g KH = 569 kcal (2380 kJ)

Kochen mit Mikrowelle und Herd

9. MENÜ

Vorspeise
Spinatsuppe mit Crème double, Zitronenschale und in feine Streifen geschnittenem Räucherlachs

Hauptgericht
Kalbsleber mit Zwiebeln und Salbei, dazu in Cidre gegarte Schwarzwurzeln mit Petersilien-Sahne-Sauce

Dessert
Ananaskuchen aus frischer Ananas, mit Rum gewürztem Teig und steif geschlagener Sahne

Der Spinat für die Suppe wird in der Mikrowelle in $1^1/_2$ Minuten blanchiert. Die Kalbsleber wird in Streifen geschnitten und auf dem Zwiebelbett nur 4 Minuten gegart. Rezepte Seite 201

Der Ananaskuchen wird mit Folie abgedeckt und in der Mikrowelle in 8 Minuten gegart. Bevor man ihn auf einen Teller stürzt und rundherum mit Sahne bestreicht, muß er etwas abkühlen. Rezept rechts

Spinatsuppe mit Räucherlachs

Für 4 Portionen:
600 g Blattspinat
1 Zwiebel
30 g Butter oder Margarine
1 El Mehl
1/2 l Geflügelfond (a.d. Glas)
1 Becher Crème double (125 g)
Salz, Pfeffer a.d. Mühle
abgeriebene Schale von einer halben Zitrone (unbehandelt)
75 g Räucherlachs

1. Spinat waschen, putzen und die dicken Blattrippen, falls nötig, abstreifen. Blätter tropfnaß in ein Geschirrtuch geben, Geschirrtuch zusammenklappen und in dem Tuch den Spinat bei 600 Watt 1 1/2 Minuten blanchieren.

2. Zwiebel pellen und würfeln, mit der Butter oder Margarine bei 600 Watt 3 Minuten andünsten. Spinat, Mehl und Geflügelfond zugeben und bei 600 Watt 5–6 Minuten garen.

3. Crème double zugeben, die Suppe mit dem Schneidstab des Handrührers pürieren und mit Salz, Pfeffer und Zitronenschale abschmecken. Wenn nötig, kurz bei 600 Watt erhitzen.

4. Räucherlachs in feine Streifen schneiden. Suppe in vier Tassen verteilen, Lachsstreifen daraufstreuen und sofort servieren.

Vorbereitungszeit: 20 Minuten
Garzeit: etwa 11 Minuten
Pro Portion etwa 8 g E, 25 g F, 6 g KH = 287 kcal (1205 kJ)

Kalbsleber mit Zwiebeln und Salbei

Für 4 Portionen:
200 g Zwiebeln
50 g Butter oder Margarine
80 ml Weißwein
1 El Balsamessig (Aceto balsamico)
ca. 10 Blättchen frischer Salbei
Salz
4 dünne Scheiben Kalbsleber (à 100 g)
Pfeffer a.d. Mühle

1. Zwiebeln pellen und in sehr feine Ringe schneiden. Butter oder Margarine in der Mikrowelle bei 600 Watt 1 Minute erhitzen. Zwiebeln zugeben und bei 600 Watt 3 Minuten offen andünsten.

2. Wein, Essig, Salbei und Salz zugeben, nochmals 3 Minuten bei 600 Watt offen erhitzen.

3. Leber waschen, trockentupfen und in Streifen schneiden. Auf die Zwiebelmischung legen, abdecken und bei 600 Watt 2 Minuten garen.

4. Leberstreifen wenden, wieder abdecken und nochmals 2 Minuten erhitzen. Pfeffern, salzen und mit Salbeiblättchen aus dem Zwiebelgemisch garnieren.

Vorbereitungszeit: 15 Minuten
Garzeit: 11 Minuten
Pro Portion etwa 20 g E, 5 g F, 7 g KH = 250 kcal (1043 kJ)

Schwarzwurzeln normannische Art

Für 4 Portionen:
2 El Essig
500 g frische Schwarzwurzeln
150 ml Cidre (franz. Apfelwein)
1 Zwiebel
20 g Butter oder Margarine
1 El Mehl
1 Eigelb
2 El Crème fraîche
Pfeffer a.d. Mühle
Salz
1 Bund glatte Petersilie

1. Ca. 1 l Wasser mit Essig mischen. Schwarzwurzeln schälen, in Stücke schneiden und in das Essigwasser legen, damit sie nicht anlaufen.

2. Wenn alle Schwarzwurzeln geschält sind, das Essigwasser abgießen, die Schwarzwurzeln in eine Schüssel geben und mit dem Cidre übergießen. Bei 600 Watt etwa 10 Minuten garen.

3. Zwiebel pellen und würfeln. In der Butter oder Margarine bei 600 Watt 2 Minuten andünsten. Die Kochflüssigkeit der Schwarzwurzeln zugeben, Mehl einrühren und bei 600 Watt 2 Minuten offen kochen lassen. Eigelb und Crème fraîche unterrühren, 30 Sekunden aufkochen lassen.

4. Mit Pfeffer und Salz abschmekken. Petersilie hacken, untermischen, Schwarzwurzeln in die Sauce geben und nochmals 30 Sekunden erhitzen.

Vorbereitungszeit: 15 Minuten
Garzeit: etwa 15 Minuten
Pro Portion etwa 3 g E, 9 g F, 4 g KH = 130 kcal (544 kJ)

Ananas-Kuchen

Für 4–6 Portionen:
1 Ananas (ca. 1 kg)
125 g Butter oder Margarine
150 g Zucker, 3 El Rum
150 g Mehl, 1 Tl Backpulver
2 Eier
1 Becher Schlagsahne (250 g)
Außerdem:
Klarsicht- oder Mikrowellenfolie

1. Ananas schälen, vierteln, Strunk herauslösen, Viertel in Segmente schneiden. Saft auffangen.

2. In einer runden Form aus Glas oder Keramik 25 g Butter oder Margarine mit 25 g Zucker bei 600 Watt 2 Minuten erhitzen, 1 El Rum zugeben. Dann den Boden der Form doppelt mit Ananas-Segmenten auslegen.

3. Restliche Ananas in kleine Stücke schneiden. Restliche Butter oder Margarine mit dem restlichen Zukker, dem restlichen Rum und dem Saft bei 600 Watt 3 Minuten erhitzen, verrühren. Ananasstückchen, Mehl, Backpulver und Eier unterrühren.

4. Die Masse über die Ananas-Segmente geben, glattstreichen und mit Klarsichtfolie oder Mikrowellenfolie verschließen.

5. Bei 600 Watt 8 Minuten garen. Abkühlen lassen, dann auf einen Teller stürzen. Schlagsahne steif schlagen und den Rand des Kuchens damit rundherum einstreichen.

Vorbereitungszeit: 15 Minuten
Garzeit: 13 Minuten
Pro Portion (bei 6 Portionen) etwa 6 g E, 33 g F, 57 g KH = 571 kcal (2391 kJ)

Kochen mit Mikrowelle und Herd

10. MENÜ

Vorspeise
Zucchini-Mousse mit Basilikum und gehäuteten Tomaten in einer mit grobem Pfeffer gewürzten Vinaigrette

Hauptgericht
Pochierte Poularde mit einer Sauce aus Spinat und vier verschiedenen Kräutern. Dazu: Brühkartoffeln

Dessert
Mit Orangensaft und Orangenlikör getränkter Savarin, gefüllt mit halbierten und gezuckerten Erdbeeren

Für die Zucchini-Mousse werden die Zucchini in der Mikrowelle im eigenen Saft gegart, dann püriert und mit Sahne und Basilikum gemischt. Die Poulardenviertel sind in etwa 18 Minuten gar. Rezepte S. 205

0,7le
1983er
Klostergarten
Auslese
TROCKEN
MIT PRÄDIKAT
A. P. Nr. 3 529 290 8 84
ST. URBANS-HOF

Der Savarin wird in einer Ringform in der Mikrowelle gebacken und mit einem Sirup aus Orangensaft, Orangenlikör und Orangenmarmelade getränkt, der in der Mikrowelle reduziert wurde. Rezept rechts

Zucchini-Mousse mit Tomaten

Für 4 Portionen:
500 g Zucchini
100 ml Hühnerbrühe (Instant)
1 Tütchen Safran
4 Blatt weiße Gelatine
1 Bund Basilikum
125 ml Schlagsahne
Pfeffer a. d. Mühle
Salz
Tabasco
1 El Weißweinessig
grober Pfeffer
2 El Olivenöl
2 Fleischtomaten

1. Zucchini waschen und in dicke Scheiben schneiden. In einem geschlossenen Gefäß bei 600 Watt 5 Minuten garen. Pürieren und in einem feinen Sieb abtropfen lassen.

2. Hühnerbrühe mit Safran verrühren und in einem offenen Gefäß bei 600 Watt 4 Minuten einkochen lassen. Gelatine in Wasser einweichen, ausdrücken und in die Hühnerbrühe geben. Unter das Zucchinipüree rühren, abkühlen lassen.

3. Die Hälfte des Basilikums in sehr feine Streifen schneiden. Sahne steif schlagen und zusammen mit dem Basilikum unter die erkaltete Masse ziehen. Mit Pfeffer, Salz und Tabasco sehr herzhaft abschmecken, kalt stellen.

4. Kurz vor dem Servieren Essig, grober Pfeffer, Salz und Öl verrühren. Die Tomaten waschen, den Blütenansatz herausschneiden und die Tomaten je nach Größe in acht oder zehn Segmente schneiden. Von der spitzen Seite der Segmente her großzügig die Haut abschneiden.

5. Die Tomatenhäute sternförmig auf vier Teller verteilen, die Tomatensegmente darauflegen. Mit zwei Löffeln, die man in heißes Wasser getaucht hat, Portionen aus dem Zucchini-Mousse ausstechen und zu den Tomaten legen. Tomaten mit der Vinaigrette beträufeln.

Vorbereitungszeit: 1 Stunde
Garzeit: 9 Minuten
Pro Portion etwa 4 g E, 17 g F, 7 g KH = 203 kcal (852 kJ)

Pochierte Poularde mit Gartenkräutersauce

Für 4 Portionen:
1 Poularde (ca. 1,5 kg)
Salz
Pfeffer a. d. Mühle
50 g Butter
2 Schalotten
1 Bund Kerbel
1 Bund Estragon
1 Bund Brunnenkresse
200 g Blattspinat
100 g Sauerampfer
1 Becher Crème double (125 g)
1 Eigelb

1. Poularde vierteln, häuten, putzen, waschen und abtrocknen. Mit Salz und Pfeffer einreiben.

2. In einem genügend großen Gefäß bei 600 Watt in 1 Minute 20 g Butter zerlassen. Schalotten pellen, fein würfeln und daruntermischen.

3. Die Kerbel- und Estragonblätter von den Stielen zupfen. Blätter beiseite legen, Stiele auf die Schalotten verteilen. Die Geflügelteile auf die Stiele legen, das Gefäß gut abdecken und die Poularde bei 600 Watt ca. 18 Minuten garen.

4. In der Zwischenzeit Brunnenkresse, Spinat und Sauerampfer gründlich waschen, von den Stielen zupfen und grob in Streifen schneiden. Kerbel- und Estragonblättchen zugeben.

5. Die fertigen Geflügelteile abdekken und warm halten. Kräuterstiele herausnehmen, die frischen Kräuter hineingeben und bei 600 Watt 4 Minuten abgedeckt garen.

6. Mit dem Schneidstab des Handrührers die Kräuter samt ihrem Fond pürieren. Crème double unterrühren und die Sauce bei 600 Watt nochmals 2 Minuten erhitzen.

7. Eigelb und die restliche Butter in kleinen Stücken mit dem Schneidstab unter die Sauce arbeiten, mit Pfeffer und Salz abschmecken. Sauce über die Geflügelteile gießen. Dazu passen Brühkartoffeln.

Vorbereitungszeit: 60 Minuten
Garzeit: 25 Minuten
Pro Portion etwa 65 g E, 41 g F, 4 g KH = 669 kcal (2796 kJ)

Orangensavarin mit Erdbeeren

Für 4–6 Portionen:
7 El Milch
1 Tl + 2 El Zucker
2 Tl Trockenhefe
170 g Mehl, 1 Prise Salz
120 g Butter oder Margarine
3 Eier (Gew.-Kl. 2) Fett für die Form
3/8 l Orangensaft
6 gehäufte El Orangenmarmelade
4 cl Orangenlikör, 500 g Erdbeeren

1. Milch 45 Sekunden bei 600 Watt offen in der Mikrowelle erwärmen. 1 Tl Zucker und Hefe unterrühren, etwa 10 Minuten gehen lassen.

2. Mehl und Salz in eine Schüssel sieben. In die Mitte des Mehls eine Mulde drücken, die in der Milch verrührte Hefe hineingießen, mit etwas Mehl bestreuen und zugedeckt ca. 40 Min. an einem warmen Ort gehen lassen.

3. Fett in Stücke schneiden und in einer Schüssel offen im Mikrowellengerät 2 Min. bei 360 Watt erwärmen. Eier verrühren, mit dem Fett in die Mehlmischung geben. Den Teig schlagen, bis er glatt und elastisch ist.

4. Eine Ringform aus Glas oder Kunststoff ausfetten, Teig einfüllen. Form mit Frischhaltefolie verschließen und in der Mikrowelle bei 90 Watt 30 Sek. erwärmen, dann weitere 10 Min. gehen lassen. Zwischendurch noch zweimal 30 Sek. erwärmen und danach 10 Min. gehen lassen.

5. Löcher in die Frischhaltefolie stechen und den Savarin 4 1/2 Min. bei 600 Watt garen. Ohne Folie bei 600 Watt nochmals 3 Min. offen garen.

6. Savarin in der Form abkühlen lassen, auf einen tiefen Teller stürzen. Löcher in den Teig stechen.

7. Orangensaft mit Orangenmarmelade verrühren und bei 600 Watt 12 Minuten offen einkochen lassen. Dann den Orangenlikör zugeben. (Vorsicht: der Saft schäumt!)

8. Sirup noch heiß über den Savarin gießen. Abfließenden Sirup immer wieder über den Savarin gießen, bis er ganz und gar getränkt ist.

9. Erdbeeren putzen, waschen, halbieren und mit 2 El Zucker mischen. In die Mitte des Savarins füllen.

Vorbereitungszeit: 30–35 Minuten
Garzeit: etwa 20 Min. (plus etwa 80 Minuten zum Gehenlassen des Teiges)
Pro Portion (bei 6 Portionen) etwa 10 g E, 21 g F, 51 g KH = 465 kcal (1944 kJ)

REZEPT VERZEICHNIS

A

B

C

D

E

F

G

H

I/J

K

L

M

N

O

P

Q/R

S

T

W

Z